好年華

Good Time

親愛的

今天是禮物
明日是恩典

吳明德
LIVING AT THE PRESENT
今天是禮物

「得人恩果千年記，
　　得人花戴萬年香」

　　謹以此書獻予明德於晉身銀行業時幸遇的七位啟蒙良師兼人生楷模：Mr Patrick Kwok，Mr Kenneth Yu，Mr Peter Hong，Mr Alton Ng，Ms Maggie Ma，Mr Charles Ma 及 Mr Samuel Tsien (排名先後按結緣時序)。感念當年幸得幾位智者不嫌明德愚魯，耳提面命，執手相教，諄諄勗勉，傾囊相授，提攜之恩，畢生難忘！

2024年6月12日

目錄

Chapter One

秋風秋雨的渡日
是青春少年時

T Chapter Two

前面是哪方
誰伴我闖蕩

目錄

T hree
Chapter
過去了的一切
會平息

F our
Chapter
找到心底夢想的
世界

目錄

Five
Chapter

自信可改變未來

為一個老朋友的自傳寫序，是一件特別有意義的事。在回顧他人的生命故事的同時，也回味我們這一代人所經歷的點滴，冷暖自知。

我認識的 Victor，從街童走過江湖，1975年他在街頭遇襲重傷入急症室，被救，被勸，到發奮讀書，大學畢業後，從進入銀行作見習生開始，到蛻變為金融界高層，經歷美式管理和中國企業矛盾的洗禮，身心幾番折騰。退休前的幾年，Victor 再下苦工修讀工商管理學博士學位，投身教育界，又蛻變為大學教授。到正式退休後，再三蛻變為YouTuber。Victor 多年志願是幫助和鼓勵身邊的人，他竭盡所能，將自己從親友、老師、學生、上司、同事和戰友等人身上所學到的，以及從社會制度上所得到的幫助，轉化成內心積極的能量，釋放出來，希望造福他所接觸到的人。

我作為Victor 的師弟，相識於歷史時刻的1989年，至今已經三十五年，堪稱情同手足，深知他出版新書的心願。

Victor 修讀工商管理學，我讀物理學；他做銀行，我做電腦，背景很不同，但我們一見如故。我和Victor 初相識時，他向我講

述少年時被襲的經過，扯起內衣，給我看他背部的亂刀傷痕。相識之後，我發現Victor和他三哥吳明欽都是居於港島杏花邨，吳明欽當年（1991年）是歷史上第一屆民選立法局議員，他以票王當選。他住在我家樓上，但我們很少在升降機相遇，因為他在屯門當教師，也是當區區議員，每天清早6時出門，晚上12時才回到家中。

. . . .

Victor 中學時期是街童黑幫，被斬爆肺送院，三哥吳明欽趕赴醫院，懇求醫生搶救這誤入歧途的四弟，並在悲痛中勸勉Victor 康復後重新做人。

Victor 大學畢業，獲聘為銀行見習生，三哥明欽既教書兼擔任區議員，兩兄弟同心合力，理念一致，為事業，為家庭，為社會，努力提升自己。既有「獅子山下精神」，也有「修身齊家治國平天下」的個人理想。

吳明欽參加在1991年9月第一次直選立法局議員，最終他以票王當選成為區議會、市政局、和立法局三料議員。正當踏上從

政高峯，明欽為社會大小事情奔波，勞累過度。一年後的1992年初，農曆大年初二，我獲邀參加他們的家庭燒烤郊遊，成為了他們家中的一分子。當天吳明欽帶病參加家族團聚，我見他與妻子、兒女和其他家人在歡渡難得的時光的同時，仍文件在手，電話不停。這天郊遊後不久，吳明欽病倒入院，確診患上血癌。消息震撼社會，各界關心，胞妹捐骨髓救治，但最終於1992年6月22日不治。

. . . .

Victor 在失去三哥明欽的過程中，承擔起團結家人、對外聯絡和照顧遺孤的重任，這擔子將Victor的悲痛壓在心底，連他也不自知所受創傷有多深。直到他在工作上的大轉變，Victor的情緒崩潰了。他被委任統籌「美國銀行與中國建設銀行在香港進行收購合併」，這大合併正是整個香港命運所經歷的涉及三方（美、中、港）角力的縮影。Victor 是個真香港人，多年來受美國式培訓、提拔，成為具國際視野的銀行專才。大合併的目標之一是保持原有美式競爭力，也要將中式管治文化滲入新組織，在這矛盾的情況下所承受的壓力和無奈，香港人當深有所感。合併成功了，Victor 卻在工作中倒下來，患上抑鬱症，但他勇敢地面對、求助、

繼續工作，並毅然決定兼修管理學博士課程，更善用他這光輝而悲痛的經歷，造就出他博士論文的題材。

多年來，每年我到香港工作探親，或 Victor 到加拿大探親，我們都會相聚同住。吳明德教授「管而優則教，教而優則書」，我都一路參與，我倆都是心靈相通的。

我衷心希望明德對本書出版的願景能繼續實現 -「回饋社會，見證時代，喚醒失意的人，造就年青的一代」！

Biu Leung
明德的同學，校友和老朋友
寫於2024年4月2日　加拿大多倫多

　　我深感榮幸能獲吳明德教授的邀請為他的新作寫序。因為太久沒有執筆寫作了，諸多錯漏在所難免，懇請各位見諒。

　　我和教授識於微時（1963年），可以説是大家穿著開襠褲相交，是有難同當的沙煲兄弟。由於我倆是鄰居，所以幾乎日日見面，他跟我的家人也很稔熟。我和他的軼事實在太多了，若要在這處一一細數恕難盡錄。他是一個明事理、直率、富人情味、有義氣、有宏觀、有遠見，並在同輩中最有領導能力的人。我們是同一足球隊的隊員，平日只知道玩樂和踢球，但每次一到考試前，他都會和我們説要閉關一個月應付考試，真佩服他的自律。他的讀書成績和後來在事業上和社運上的成就令我們這些兒時玩伴大為敬佩。他永遠都會在百忙之中抽空參加好友的聚會，並常常把

「見多一次便多一次吧！」掛在口邊。每當朋友遇上危難時，他都會慷慨解囊，盡力幫忙，緩解困境。他擁有一顆單純柔軟的心，這亦是朋友們最欣賞他的優點！

在此謹祝吳教授新書風行一時，身體健康，在英生活愉快！

強生
一位認識吳明德教授六十年的朋友
2024年6月2日

　　從2019年6月認識教授至今，不知不覺已有五年了。我們和香港人一起，經歷高潮起伏、風風雨雨的歲月，至今各自東西，但心仍連在一起。

　　在眾多海外香港自媒體頻道中，教授的財經背景，加上風趣卻公允的論述，獨樹一幟，至今已有20多萬粉絲，可喜可賀。

　　我和教授結緣是2019年6月。身為資深銀行家的他，曾接受當時《蘋果日報》採訪，談及走資和香港局勢的關係，令我大開眼界。尤其香港財經界一向「白伴」，忌諱觸碰政治，訪談往往僅限於數據分析，而中國的經濟和政治密不可分，如果只是紙上談兵談經濟，根本看不透背後複雜的政治局勢。當下已決定想辦法約訪教授。

　　尤記得第一次是電話採訪，教授本著「政治乃眾人之事」的宗旨，很有禮貌受訪，侃侃而談，最後還對我的信仰表示尊重。電話那頭，我非常感動。

　　數日後，在座談會上，第一次見到教授本人，風趣幽默，人

如其名，讓我想起港大格言「明德格物」；接著YouTube 等社交媒體迅猛發展，令傳統媒體也要轉型辦社媒。我對教授的第一個視頻採訪，無意中被我放上YouTube，一夜間就有30多萬點擊率。當下就給我啟示，或許這就是未來的發展之路。

因應局勢發展，也在教授的鼓勵和支持下，我和教授在2019年8月先後創辦了自媒體，教授更成為《珍言真語》每週的固定採訪嘉賓，從此開始了我對他的過百集的採訪。

《國安法》2020年通過後，採訪暫停一年，直到《蘋果日報》關閉後，教授2021年7月在自媒體上報導動向，表示暫別香江，旅居英國。踫巧的是，我也幾乎在同期回美發展，我們的採訪又在海外得以繼續。

和其他學者不同的是，教授屬實戰類型，有著超強的分析力，加上在美資銀行20多年的從業經驗，又曾任國企銀行高層的背景，閱歷豐富毋庸置疑；而其已故哥哥吳明欽曾經是「三料議員」，集區議員、區域市政局議員、香港立法局議員於一身，亦是香港首位遇襲的區議員。他和哥哥情誼深厚，令他在唸大學時期已積

極參與各項社會運動、民主派選舉中，對香港政治有深刻的觀察。聽他分析時事，每次如上了一堂寶貴的政經課，養分十足。而教授兒時曾誤入童黨、可幸迷途知返，效蘇秦刺股，發憤讀書，遂屢創佳績，及後投身銀行業，期間又遭逢抑鬱症折磨，險死還生，其人生體驗，亦極為傳奇精彩。

在對教授的眾多採訪中，部分曾整理文字，經教授結集成書；今次見到教授再有新書出版，《在明明德——從社團小混混到金融機構高管之路》，相信對有意晉身金融界的人士來説，會有很多的啟發，推薦人家　讀。

梁珍
自媒體《珍言真語》主持

又及：這裡也推薦一下，去年我做的《香港百年》財經專題，對教授有七集專訪，足可從中瞭解香港錯失「世界金融中心」地位之緣由，也濃縮了他闖蕩銀行業30多年的精彩故事，尤其是建行收購美國銀行一役，有很多不為人知的訊息，有興趣的觀眾，不妨也去看看。

這是吳博士的第三本書，我很榮幸再次獲邀為他的書寫序。

作為人力資源部門的主管，首要任務之一是物色和培養領導公司的人才。我記得經常有人問我，不管是剛畢業的學生到經驗豐富的銀行家，若他們期望能在投資銀行事業有成須具備甚麼成功的質素呢？我的答案很簡單，他們必須擁有業界認可的核心能力，如財務知識及敏銳度、客戶關係、時間管理和分析技能，這些都是基本的要求。然而，成敗通常是建基於他們的動力、視野、耐力、韌性和態度。這些我稱為軟實力有助於他們解讀瞬息萬變的金融市場、反思和從生活經歷中學習，並培養他們渡過生命高潮和低谷的韌力。

吳博士在前兩本書中分享了他對香港和環球總體經濟和政治環境的看法；有別於它們，這本書更多講述了他自己個人成長的歷史，從他和家人來到香港的那一天起，到成為一名成功的銀行家、學術者、教育家、作家和輿論領袖。吳博士坦然與我們分享他人生中的起伏，包括他最軟弱的時刻，以及他如何克服和接受這些挑戰，從而鍛煉自己，繼續前行。讀他的書，我們就能理解他的性格和人生觀是如何從他成長的經歷裡建立起來的。隨著時間的流逝，他勉力爭取每一個機會來豐富自己的體驗和知識，始終以積極的態度看待

世情，並不遺餘力地與年輕人分享自己的心得和回饋社會。

這書的主題《在明明德- 從社團小混混到金融機構高管之路》。我認為，無論我們是在金融領域與否，我們都可以從他的書中學到一些東西。舉個例子，吳博士曾帶著年邁的母親到他的管理學教室「旁聽」他怎樣教學。這是一個相當反傳統的嘗試，但當我反思時，這不僅表明吳博士的孝心，也是一個 "think out of the box"（出格）的方案，既可切切實實地示範了善用時間的辦法，又能平衡工作和生活，進而產生協同作用，激發學員有不同緯度的學習和深思。

我從這書獲益良多，因此把它鄭重推薦給正在職場拼搏的年輕人，不妨慢下來閱讀吳博士的經歷，也許你會像我一樣找到一點火花。

Elaine Chan
前國際投資銀行亞太區人事管理部門主管
2024年5月21日

　　我感到非常榮幸能夠為教授的新書寫下這篇書序。作為曾經受過他教誨的學生，我對他有著深刻的認識和感激之情。

　　我與教授相識是在大學二年級那年，當時我是新聞傳播系的學生，根本與教授所教的管理學科無甚關連；但由於我要遷就自己兼職的工作時間，剛好這科管理學科的時間合適，所以才選修了它，而幸運地選到了教授任教的班別。

　　坦白說，我在大學首兩年的成績並不理想，因為不懂得社交，經常孤身隻影，祇顧著工作和賺錢去旅行。上課時經常打瞌睡，功課匆匆忙忙趕在最後一秒才交，對大學沒有甚麼歸屬感。

　　然而，遇到教授卻改變了我的一切。記得第一堂課我因為買早餐而遲到了，偷偷摸摸帶著早餐坐在最後一排，還立即打開電腦裝作專心聽課。久而久之教授還是認出了我來——就是每次遲到還坐在最後一排開懷大嚼的女生，哈哈！有一次，我被同學的椅子碰撞聲吵醒了，醒來後才知道已是休息時間，感覺有點冷，於是調高了空調的溫度。誰知道教授走過來，說他有外套可以借給我。我心中頓時感到內疚，上課時居然睡著了人家還關懷我，接著我們閒聊了幾

句，他才知道我是新聞傳媒系的學生。

　　或許是知道我與班上管理學系的同學大部分都不熟悉，在課堂分組時，我一直很擔心沒有人會和我一組。然而，教授消除了每位「孤單」的同學的疑慮，關心每一個人，還用他特別的分組方式讓每位「孤單」的同學融入其他小組，不用再感到「孤單」。

　　從這堂課開始，我就知道教授是一位優秀的領導者，他會照顧每位同學的感受。對於兩年以來還未感受過學校人情冷暖的人來說可算是很感動的呢！於是我也決定在他的課堂上不再睡覺，專心聽講。在課堂上，他除了教授書本上的知識外，還樂於分享他在美國銀行管理層工作上的點滴、人生的感悟等。果然，親身經歷帶來的啟發是遠勝於筆記上的文字，每一堂課都充滿了生趣。當我開始專心上課時，偶爾上網搜索了一下，才恍然知道眼前的教授原來曾擔任過前美國銀行亞太區副總裁一職，馬上後悔早前的堂課居然都睡著了，錯過了跟他學習的寶貴機會呀！

　　半年過去了，新的學年開始，這次我特地選修了教授的另一門管理學科目，原因不再是為了方便自己，而是因為我認定教授是一

位出色、有「良心」的教授及傑出的領導者，所以我選擇了那一科。

我的成績慢慢地進步起來了，可以說是教授讓我重新拾回上課的樂趣，誓要在畢業前「爆4 ！」，趕回頭兩年落後的進度。果然，在畢業那年，我甚至獲得了最佳進步獎。我真的要好好地感謝教授呢！

在我眼中，教授是一位用心教學、致力於讓每一名學生都能參與其中的優秀領導者。他不僅是一個「知識傳授者」，更是一個「引導者」和「激勵者」。他以自身經歷和實例激發了學生們的學習熱情，讓我們從他的課堂上收獲更多。

教授不僅留意學生的學業成績，更關心學生的個人成長。短短幾句問候和細心的舉動都會令每位孤單的同學，感受到溫暖和產生歸屬感。

教授的親身經歷給我們帶來了深遠的影響。他不僅僅是一位知識淵博的學者，更是一位激勵人心的「良心」導師。他引導我們樹立正確的價值觀和人生態度，教會我們如何成為優秀的領導者、團隊

內合作的一分子以及做一個「有良心」的人。

在教授的課堂上，我們不僅學到了管理學科的知識，更學到了人生的智慧。他教會我們如何面對挑戰、如何合作與溝通、如何發展自己的領導才能。他以身作則，用自己的實際行動告訴我們什麼是真正的領導力。

我相信，教授的新書將會是一本充滿智慧和啟發的力作。他的獨特見解和豐富經驗將為讀者帶來新的思維和啟示。無論是普羅大眾、學生、專業人士還是管理者，都會獲益匪淺。衷心祝願教授的新書獲得空前的成功，並繼續在教育事業和財經專業上作出卓越的貢獻！

最後，我要再次向教授表達我最深切的謝意。感謝他對我個人成長的關心和指導，感謝他的教誨使我重拾了對學習的熱誠！教授是一位傑出的教育家、卓越的領導者和是年輕人的守護者！

再次感謝教授的教誨，令我終生受用不盡！

謹此向教授送上衷心的祝福！

Cathy Yeung

2024年6月13日

吳教授三位兄弟妹的贈言：

二哥給四弟的話：

悲觀者永遠正確　樂觀者永遠前行
人生為棋　我願為卒　行動雖慢　何曾後退

-- 引自一位已故美國總統的名言

六妹給四哥的話：

童年時我到球場看你踢足球，見到你經常喊話隊友怎麼樣走位，我看到了你儼然是一位領導者的模樣。

青年時跟你一起居住數年，當時你每週都有同事到訪"打麻雀"，你會記錄全年的戰果，感受到你就算玩樂也認真！

壯年時我們敬愛的三哥驟然病逝，在悲哀期你繼續為整個家庭付出，關愛與支持家人，你展現了家人間友愛的重要性。

中年時你患上抑鬱，情緒起起伏伏，活得並不容易，但你沒有退縮，積極面對見醫生及服藥，甚至在這艱難的時期取得博士學位及開展第二人生，轉跑道教學，分享你的人生經驗，傳遞正向思維。

踏入老年，希望你能輕輕鬆鬆地活著，一如以往，秉持善良，隨心而為，健康平安地生活！

. . . .

七弟給四哥的話：

歷煉是當遇到人、事、物、景困難時，仍然選擇面對、解決、放下。豐富著智慧與生命，願您一生平安，健康！

編者瑣語 佚名

親愛的讀者：

　　吳教授著我為他的新書寫一篇小文，那惟有恭敬不如從命，是為文。

　　2021春，偶於書店看到了教授新作《逆轉勝　這場運動已經幫香港賺進了28萬億》，感覺他的説故事能力很強，他是盡量用淺白的文字來解説複雜的財經概念，令讀者容易通曉，並於分析時事時亦具獨特的見解。

　　某次，湊巧在網絡頻道上看到了跟他聯絡的方法，遂冒昧央他在我的書上留名。教授果真藝高人膽大，無懼於會否遇上「痴心情長劍」之類的粉絲，終相約於該年復活節假後會面。其後，教授離港，旅居英倫至今。

　　雖然跟教授僅有一面之緣，但其實我們通過社交媒體「時相往還」，因而彼此更添瞭解，誠如他的YouTube 短片開端所言：「流水不因石而阻，友誼不因遠而疏！」

相交三年以來，編者概括自己對教授的行事為人的印象如下：

虛懷若谷 記得和教授初遇時，他謙稱自己出身寒微，現今以一名曾位居要職，學識淵博的「專才」而言，敢於說這樣的話著實不易。教授亦不諱言，除對金融財經方面涉獵較深之外，對其他學問認識仍稍嫌不足。因此，他會要求編者在替他審稿之時，把改動了的錯別字、病句等保留下來，好讓他能從中學習以「查找不足」。

情真意切 教授侍母至孝，手足情深，誠懇待人，知恩報德，讀此書中章節當能領會到他的有情有義。編者曾目睹教授在《追新聞》的頻道上的頭像，他擁著笑意盈盈，一面滿足的香扇墜型的母親，親情洋溢，伯母得子若此，夫復何求？

勤奮刻苦 成功非倖致，若讀者曾經看過教授先前的作品或播放過的短片，當知他少年時家境不見得豐裕，課餘要當童工幫補家計，亦因中學時誤入歧途，虛耗了好幾年青春。及後遭逢一次江湖追殺，險死還生，猛然醒悟，改邪歸正，煉就他日

後不畏艱辛，夙夜匪懈，奮發向上，以追補回失落了的光陰。工餘亦不忘擔任義工，匡扶弱小，縱使現今事業有成，仍不改其志。

胸懷坦蕩 教授在接受訪問和在自己作品中均有坦然細說成為邊緣少年的因由，他願意這麼說是深悔當年劣行，想在大眾眼皮底下接受監督，改過自新；同時亦希望以身作則，鼓勵有類似經歷的年輕人能洗心革面。若無過人勇氣與坦蕩胸懷又豈會敢於在人前揭露自己的瘡疤呢？

慈悲為懷 當年為解決小業主的「負資產事件」，美國銀行曾成立急救應變小組，想方設法協助小業主安排應付按揭供款，盡量避免令他們節衣縮食，辛勤購得的按揭物業淪為「銀主盤」，遭到強制拍賣。却原來這樣的一個「想客戶所想」的貼心解決方案是由教授向銀行建議的。

教授並非甚麼「偉人」、「名人」，但最低限度他是一個足以作為編者人生楷模的「有心人」！本書內述說他過去難忘的生活點滴、職場智慧、所思所想和他如何戰勝抑鬱症，在工作上表

現得更出色，又怎樣才是活出積極精彩的人生的道理，都值得大家深思細味。

　　證諸當世，教授令行，實屬難能可貴，譽之為「立德立人」，庶幾近矣！

2024年6月3日

跟讀者說說話

　　今次是我第三次接受出版社的邀請動筆寫作，正如我在第一本書《逆轉勝 這場運動已經幫香港賺進了28萬億》中提到，我一生人是受到我最敬愛的三哥吳明欽（1956──1992）、香港昔日傑出「三料議員」的影響，他拯救了我的生命，帶領我從黑暗走向光明，他是我的人生楷模，我的守護天使！因此，希望讀者能包容我在書中重複的提起了他，儘管他已經離開了我有 32 個年頭之久了！

　　本書內容取材自我在《追新聞》「今天是禮物」（Living at the Present）專欄所寫的文章中的九十多篇，但已經差不多概括了我上半部的人生歷奇。從1961年時我才方四歲，為逃避「非正常死亡」由母親帶著離開內地來到香港說起，以至在求學時期，供職銀行業的經歷和感悟，我都是坦然、真誠的把自己在大家面前呈現！為的是要在群眾的監督下，把自己活得更有進步！「今天是禮物」這句說話是一股動力，鼓勵大家雖身處艱難仍能活得更精彩，因為確信今天能活著就已經是上天恩賜我們的一份禮物！我們也就該把自己懂得的（知識），經歷過的（經驗和智慧）無私地傳承給下一代，以回報上天。這也是我當 YouTuber 的初衷。

　　本書之所以能順利出版，除了要感謝出版商同寅的努力襄助之外，還得感謝以下各方友好：

　　首先要鳴謝在人生旅途上我有幸遇上的教授、導師、首席執行

官、管理高層、朋友、校友、同學、同事和球友。他們用自己的智慧、閱歷、洞察力和鼓勵，為我加油，與我的家人一起豐富了我生命的意義。還有，豈能忘記了鳴謝讀者您們呢？是您們的支持、安慰、在頻道上的交流，讓我瞭解您們的需要，提供您們希望知道的內容。

我要特別多謝在百忙之中抽空執筆為我撰寫序文的同學朋友，如：好友Ms Elaine Chan 女士、學弟 Mr Biu Leung、我的 YouTube 頻道的合作夥伴梁珍女士、芳鄰強生先生、學生 Ms Cathy Yeung，他們的文字和情誼都令本書生色不少。當然少不得我的長年左右手兼「大內總管」Ms Maggie Ma！

最後，我要感謝太太 Teresa、兒子 Douglas、大嫂、兄長明輝和二嫂、三嫂、五弟 Marshall 和弟媳 Masa、妹妹 Ivy 和妹夫 Gary、么弟Mics 和弟媳Alison、侄兒和侄女、外甥男和外甥女們的寶貴意見，長久以來的包容和照顧，讓我無後顧之憂，任意縱橫！

吳明德
（資深銀行從業員，擁有接近40年美中銀行及金融業的營運經驗，
專責收購、合併、個人零售及商業銀行拓展和營運。）
2024年5月11日

開卷篇

親愛的讀者：

您們好！今天是首次在這裡和各位見面，讓我開門見山，簡單介紹一下自己。先父以「明德」二字為我名，其源自《禮記》大學篇——「大學之道：在明明德，在親民，在止於至善。…… 心正而後身修，身修而後家齊，家齊而後國治，國治而後天下平。」此乃導出先父望以此為我立身處世之本。

回望近40年國際銀行金融業務的職業生涯，歷盡各職層的梯階，縱覽金融投資世界裡的風雲色變，其波譎雲詭之處，還瀝瀝在目，如在昨日。觀乎各國金融精英較量，運籌帷幄之際，手法時而偷天換日，時而明修棧道、實則暗渡陳倉，當局者務須步步為營，不知就裡者，就很容易掉進漩渦之中，萬劫不復。

在整個銀行金融業務職業生涯過程中，讓我歷練達至高峰時段是在1991——2007年供職於美國銀行時，見證了1997——98年的亞洲金融風暴、1998——2003年的經濟大衰退，而對我專業才能最大的考驗是來自2006第三季度時，美國銀行將在香港的商業和零售業務售與中資銀行，我被委任為該收購合併的項目總監，得

以近距離體驗到美中兩大不同經濟、文化、管理和政治體系下，兩者經營銀行的手法及人事管理大相徑庭。

　　這些差異大大影響我們香港特別行政區在銀行金融營運的獨特方式，其精妙之處在於：既要緊守資本主義社會的核心價值和銀行運作體系才能與國際金融市場接軌，但同時又要適應社會主義的處事對人方式，方能在兩者之間平衡運 。回想香港現今形勢處於兩難，如何衝破障礙，費盡思量！

　　作為厠身國際銀行金融業務近40年的從業員，我會以平實的口語化文字，寫下一個個的小故事，來闡釋一些過去生命的軌跡，讓讀者看看我是怎樣建立自己的性格、對人和事的原則及專注的範疇；也會分享怎樣發展個人核心競爭力、確立自己核心價值、奠定自我生命的目標和願景。希望文章能有助讀者釐清那些因素對大家影響深遠，那些價值觀應該堅守；更盼望對正在奮發向上的青少年們有所啟迪，百尺竿頭更進一步！

　　就讓我們從第001篇開始吧！

明德

2024年6月19日

Chapter One

秋風秋雨
的渡日
是青春少年時

001

若要拋我的稚子下海，得先把我們全家都一同拋下海去！

這頁開始，沿著生命的歷程，我會和大家分享我這個金融機構高管是怎樣煉成的。先從我四歲時隨母親從汕頭偷渡來港，在貧民窟中的童年生活說起，第一次吸食毒品的滋味，在球場做「陀地小霸王」等等的片段 ……；細說一些作為足球、田徑校隊隊員的訓練過程，曾與黑社會為伍的經歷，到中五（1975年）會考放榜前夕遇到伏擊，其後重回正軌，接著進入浸會學院，並以半工讀完成課程 ……；畢業後，正式踏足社會，進入銀行界工作，其間在工餘時協助三哥吳明欽在區議會、區域市政局及立法局的選舉，遇到競選過程中的黑暗面，及如何與地方勢力周旋、如何受恐嚇，又如何選舉成功 ……再以金融、銀行、經濟和商業活動及管理等方面的經歷來作分享話題。

娃娃的我

1961年初夏，我當時約三、四歲，由偉大的母親一手拖著大哥、二哥，背著三哥，一手抱著我在胸前，排除萬難，從廣東汕頭市經廣州到澳門，再屈「蛇船」偷渡來港。猶記得在我長大懂事後，大哥告訴我，在偷渡過程中險象環生，當中更險些兒丟了我的生命。事緣當偷渡船在月黑進入香港海域時，我不知何故，不停嚎哭，船上其他偷渡客為怕驚動水警們，竟威迫母親要將我拋下海中！當時，媽媽以堅如鐵石的眼神，疾言厲色的說：「若要拋我的稚子下海，必先把我們全家都一同拋下海去！」，說畢便將她的手塞進我的嘴內，阻止我再發出哭叫聲，從而令我逃過大難。自此之後，每當遇到壓

力或不開心的事情，我就用這個娃娃時期的故事激勵自己説：「我的
生命是屬於母親的，誰人都拿不走，更何況是少少的壓力呢！」「蛇
船」最終成功靠岸，停在當時比較隱蔽的西環三角碼頭貨船堆中。由
於我的嫲嫲在西環區是一位交遊廣濶的通天經紀，她和爸爸即晚以
一隻足金手鐲和一對金戒指作為贖金，成功地接走了我們一家五人
到西營盤她當時居住的「劏房」中安頓下來。有緣的是在2008年12
日18日讀到「信報林行止專欄」中一篇有關他於1958年偷渡的「漁火
偷渡客 江上數峰青」文章。這位尊敬的「香港第一健筆」，也是沿著
同一偷渡路線，抵達香港。所不同的是他第一次偷渡是與約十名素
未謀面的潮汕同鄉一同屈「蛇船」；他的第一次失敗了而被遣返澳門
出發地，但事隔三、四天後，林先生再次重試便成功了，而當時贖
金是三佰港元。林先生形容當時澳門似乎是門戶大開，任何人都可
自由去來，所以才變成偷渡熱線。

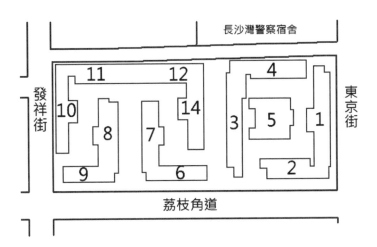

童年，地方雖然狹窄擠迫，卻使我們生活得更親近更融洽

初到香港（1961——1962年），家裡一貧如洗，印象最深刻的，就是父母和我們四兄弟一家只能租住在筲箕灣的一個床位，雖然地方狹窄、擠迫，卻使我們生活得更親近、更融洽！1963年，經爸爸的努力，我們獲分配到長沙灣廉租屋邨（即今日的公屋），居住地方突擴大到300多呎，月租是80元。往後一年，我和二哥和三哥考進附近的政府小學，課餘時間，我們一起找工作幫補家計。大哥見家裡經濟拮据，所以便犧牲自己，連小學都無機會上便輟學到工廠工作，二哥亦只能勉強讀完小學便也要輟學到工廠工作。1966年，二哥在「華生製衣廠」找到長期工作，三哥和我便在他的安排下有機會做非法童工（當時的社會，非法童工是很普遍的）；每當工業處來巡查有沒有童工時，老闆事先都意會到，並通知我們一群童工暫避，俗稱「走鬼」。

1967至68年間，我和三哥當時就讀小學四、五年級，每逢星期六、日、公眾假期及暑假，我們倆都到工廠剪線頭和當雜工。我們在工廠大廈的後樓梯級鋪上「雞皮紙」，席地坐下剪線頭，當年剪一打（12條）褲的線頭約有兩毫子；至於雜工就每天約有6元的工資，主要是負責傳遞車衣女工們要車的衣服，因為她們是專責自己車縫某一部份的工序，雜工則輔助她們將衣服不同部份匹配並安排傳遞，她們便能省卻時間，專注留在車衣間工作，提升生產力。而我們每天約需工作10小時，還記得每日下午四至五時左右，也當我們有點兒肚餓的時候，總會有一位小販肩挑著一桶紅、綠豆沙和麥米粥在

後樓梯叫賣。三哥和我每天都掙扎著，是否兩人每人一碗或一碗兩份吃，因為當時一碗糖水需要一毫半子，如果每人一碗，我們需要多剪一至兩打褲才能吃到。最終，我們每次兩兄弟只是買一碗一起吃。在這日積月累的日子裡，三哥和我也漸漸建立起濃厚的兄弟情誼！

工廠裡的老闆娘（洪太）對二哥、三哥和我非常好，她常將我們和她的兩個兒子比較，總是說我們非常「懂事和生性」。很多時候，她都會請我們三兄弟到她那離工廠不遠的家裡吃午飯。有一天午飯時間，當我們到達她家裡時，她發現兩個兒子還在睡覺，便跟他們說：「你們還在睡覺，人家跟你們差不多年紀，已經上班開了幾小時的工啦！」我記得當天的電視正在播映著美國太空人登陸月球的新聞。屈指一算，這已是55年前的事了。

免費試食，人生便會踏上不歸路

近年，當中學新學年開學，一些學校會為學生強制驗毒，這措施特別觸動我內心深處，因為自己對毒品的禍害比一般人有著更深刻的感受。1970年，在我居住的廉租屋邨，有著一大班黑社會活躍份子，他們透過販賣毒品而獲取大量金錢。他們為了要越賺越多，所以常常引誘一些小學四至六年級的同學免費試食；我也曾經在小學六年級時，聯同數位同學嘗試人生中的第一口毒品（當時最流行的是叫「白粉」），幸好的是，當我食第二口時已即時有嘔吐的反應，幸運地使我遠離「白粉」。然而。我其中一位好同學因吸食過量毒品而在小學六年級已摧毀了自己的生命；另兩位同學，偉倫及 Raymond 卻沒

有我這麼幸運，他們其中一位在三十幾歲時已去世，而另一位則失去聯絡。因此每當我看到電視或報章上報導有關現時青少年、學生們吸食丸仔、K仔、海洛英或冰毒時，每一次都很痛心。

在六、七十年代，「白粉」是一個很昂貴的毒品，而吸食的地點，大多是在隱蔽的地方，因癮君子們都怕被人發現。隨著時代不同，現今青少年轉而吸食丸仔、K仔或其他軟性毒品；在價錢方面亦較便宜，報導指出，現在學生只需要省下午飯錢，湊夠一佰元已可以購買一包軟性毒品，並在校內與同學們一齊吸食。

為什麼青少年們能那麼容易接觸到毒品，除了現在的毒品比較便宜之外，也可能現今社會物資比較富裕，青少年們現少沒有經歷過六、七十年代的艱苦，不需負擔家庭經濟等，人生也缺少了一些目標，時而迷惘，時而失落，而更多時須要「埋堆」，三五成群在一起，才感覺到有安全感或存在感，而當其中一兩位學壞的青少年開始吸毒，往往就會鼓動身旁朋友們同時吸食毒品，尋找那「一刻的歡樂」。

其實吸食毒品，對身體有著嚴重性的傷害，如胸口痛、發熱、血壓高、心跳加速及不規律、皮膚疹、幻覺及有被迫害的感覺、性情大變、煩躁不安、失眠、食慾不振、頭痛、冒冷汗、脈搏微弱、急促震顫、眩暈、肌肉抽搐、極度激動不安等。若不及時糾正，遠離毒品，人生便會踏上不歸路！

做好自己的本份，不管付出多少，身旁總是會有人看得見的

　　小學三年級至初中一年級（1967——1971年），我和三哥，每星期六、日都會在工廠裡當童工，以幫補家計，由於收入有限，在升初中二時（1971年9月），我們也開始想辦法另闢新的資源；到初中二下學期（1972年1月），我們找到替小孩子補習的工作。當時的社會，那些有機會讀至中學畢業的父母們，都很緊張他們子女讀書的表現，他們都很捨得花費在他們的學業上。

　　當時我為一對分別是一年級及幼稚園高班的兄弟（子儀和子健）補習，每星期一共補四堂，學費是每月80元。我下午4時放學後，就步行約10分鐘到他們家裡，每次原本是補習一小時，由於弟弟常常「扭計」，要讓他先看電視卡通片，所以每次都要補出二、三小時；每當他扭計時，我就拿出自己當天的功課出來做，到他扭計完畢，我通常也完成了我的功課。而我從過程中，更學曉了忍耐和善用時間。

　　每年，當放暑假的期間，我們的補習工作也需要暫停，那時我們便全日到工廠做暑期工。在中三完結的那年暑期，我們從小學三年級一直工作的那間「華生製衣廠」也結束經營，老闆一家轉移到台灣發展，我們也只好另找暑期工。

　　我和三哥各自找暑期工。我得到住在隔壁的一位朋友「亞照」的介紹，和他一同到青山道一間製衣廠工作。兩個星期後的一個下午，我和亞照突然被召見，廠長伍先生說我們工作不用心、工作時偷懶，要把我們辭退，亞照當然沒怎麼樣，因為他家裡經濟還可以，可是

我當然不同，我在廠長面前哭著，懇求他不要把我辭退，因為我很需要這份暑期工，它的工資可以幫助我開學之用，況且暑期只有六星期，我在這裡工作已兩星期，其他大部份的暑期工也已請了人。在我懇求的時候，剛巧有一位裁床師傅經過，問過原委後，他便替我說好話，因為他平時工作時，看見我工作是真的用心和認真；於是，在他的保證下，廠長便不再堅持把我辭退。「在這件事上，我學懂了以後無論做什麼事情，不論大與小，都要認真投入、努力工作、做好自己的本份，不管付出多少，身旁總是會有人看得見的。」

阿媽救命呀！

在中學一年級（1970年）的時候，熱愛足球的我，每天都在球場上遊蕩踢波，更抱著「威威」的心態，與江湖活躍份子混在一起，很快地我在居住的屋邨嶄露頭角，在中三至中五級（1973——1975年）的幾年，更「上位」成為有十數位「細佬」跟著出入的大佬，綽號『馬大爺』。身在「江湖」，自然就有江湖義氣，除「照起」跟著自己的「細佬」外，也憑著自己的勢力，警告校內的其他社團「飛仔」，不得欺負及威迫我班同學，而且多次警告，如出現任何一位同學投訴被欺負或發覺他們少了「一條頭髮」，都會「唯他們事問」；我就是這樣體現「義薄雲天」的氣慨，同時亦滿足了自己「威威」的心態。

雖然身在江湖環境中，但每逢考試，我都會聽從母親的忠告，提早兩星期，每天清晨四點半起床溫書；為使我容易起床，母親每次都用一條又濕又凍的毛巾放在我的面上把我凍醒，我稱這兩星期

為「修心入洞」期。結果,感恩上天給我的小小聰明,使我在初中期間每年在二百八十多名同學中,都能考得前十幾廿名,從而能入讀「精英班」,母親真的是功不可沒!

　　江湖始終是腥風血雨,在1975年8月7日晚上十時半,當我與幾位兄弟逛完油麻地廟街大笪地回家,在經過平常遊蕩的球場時「中伏」,被十數名手持牛肉刀的人襲擊。原來當人生最危險的時候,真的會大叫:「阿媽救命呀!」。這句説話在千鈞一髮之際令對方「窒了一窒」,使身中多刀的我能趁機逃生,乘坐的士,直奔伊利沙伯醫院。在當時,社會上常有很多江湖仇殺事件,因此醫院一般會視這些「出事」的人為「死飛仔」,往往會先施救其他平常人,對我們這些「死飛仔」就會有延緩的情況。幸好我的三哥明欽及時衝到醫院,對急症室的醫生不停施壓,並打電話給我們就讀中學的校長求援。三哥當時亦是同校的中六預科生,他是學生會會長,更是 Head Perfect,所以校長一聽後,就立刻提供協助。更由於校長是英國人,亦是一位輔警警司,所以他一「出馬」,伊利沙伯醫院眾醫生才相信我不是「死飛仔」,並立刻全力搶救,經過大約7至8小時的搶救,我全身總共被縫了約5、60針,而右邊肺部由於被斬開而失去功能,經過大半年才能康復。

探長説：改邪歸正，做個有用的人！

　　1975年暑期的遇襲，由於得到上天的眷顧，使我能夠大難不死；當我仍躺在醫院病床時，深水埗警區的華探長「李龍心」一天來探望我時說：「憑著你好勇鬥狠的作為，遲些一定能做江湖大佬，不過最終的結局還是橫屍街頭；倒不如改邪歸正，跟著三哥『明欽』做個有用的人」。最後，我選擇了重新做人，並以三哥作為我的好榜樣。

　　1976年，當我全力以赴用功讀中六的時候，更糟的事卻發生了。父親因突然中風（爆血管），最後導致半身不遂，失去工作能力，頓使家庭出現了嚴重經濟困難，父親當時正值壯年的52歲；碰巧香港經濟又因世界出現了石油危機而大衰退。大哥、二哥雖一早已犧牲自己，小學畢業便需要輟學投身社會，去工廠做事，但在極差的經濟環境下，他們也告失業了。三哥當時就讀中七，我們以下還有三個讀中、小學的弟妹。貧窮困境當前，我們四兄弟便一同肩負起整個家庭的經濟責任。

　　當時，我們到旺角的女人街擺地攤賣女裝毛衣，十元八塊一件，印象中最貴的毛衣只是18元一件。經過了那一、兩年（1976——1977年）時間，令我不期然學到很多寶貴的銷售技巧。這些經驗，使我在往後30年的工作中能早著先鞭，佔了優勢。

　　2021年，看電影《狂舞派3》，更勾起我在女人街的經歷，對現代年青人和政府溝通，管理和行政上一些想法。戲裡完全感受到導演、編劇、台前幕後及一班年青人是努力真誠演出……戲中透過跳舞故事演繹表達：（1）政府與市民所想完全脫節；（2）政府在發展或持續發展過程中不應只照顧某些有權有勢或既得利益者的利益，

還需顧及其他弱勢社群、地方團體、公司及很多正在追尋夢想的有心人。

最近，曾和我一起在女人街擺賣的大哥去世了，擺賣的店舖和牌照也隨之交還給政府。回看這段經歷，當時殖民地政府先撥出地方讓市民努力工作生活，繼而規範發牌，及至檔主千古後歸還。這過程中照顧到民生、歸屬感、生活安穩、地區管理及後發展等各種元素，更重要是包括市民與政府溝通互動發展、施政方式等。

年青人要尋求的是歸屬感和受人尊重

2021年電影《狂舞派3》透視香港政府根本沒有與市民站在同一層次上溝通對話。這裡我要引入一位美國管理和心理學大師，亞伯拉罕‧哈羅德‧馬斯洛（Abraham Harold Maslow，1908年——1970年）的 Maslow's Hierarchy of Needs（馬斯洛需求層次理論）。這理論是有關心理健康發展，馬斯洛認為人類基本的訴求分開五個層次，他發現人類首先要滿足人類天生的需求，然後才能激勵人心並循序漸進向達成自我實現的目標前進。

馬斯洛需求層次理論提及人類有五個層次的需要，第一、二層為低層次需要；三、四、五層為高層次需要。第一層次為生理需要；它與我們的成長過程有著密不可分的關係，譬如：我們基本生理需求是要吃得飽、穿得暖。我在1961年四歲來香港時，基本上是穿不暖、吃不飽的；這個穿不暖、吃不飽的原因是因為貧窮、社會不夠資源發展，亦不能照顧不同需要人士，惟有自己拼命努力。第二層次是安全需要：譬如你已能有得食、有得穿，你便會很想有一個安定的居住地方、就業，然後健康發展和建立財富，這便是第二個層次的安穩。我的家庭在整個六、七十年代從小學至中學，都是在這安穩及基本生理需求上掙扎。第三層次是社交需要：主要分為兩方面，一是友愛的需要，即是每個人都需要與朋友，同事和家人保持融洽的關係；同時亦追求歸屬感的需要，即是人都有一種需要歸屬於某個群體的感情，互相關心和照顧。第四層次是尊重的需要：每個人都需要被尊重和肯定。尊重的需要又可分為內部和外部尊重。

內部尊重是指一個人的自尊心，確信自己有能力勝任各種能力範圍
內的工作。外部尊重是指一個人受到別人的尊重、信賴和高度評價。
第五層次是自我實現需求：人的終極訴求是最大可能地發掘和實踐
自己的能力，在工作和生活環境中實現個人理想和抱負。

　　香港政府為何會陷入今天的不能夠 functioning（運作）呢？就
是因為他們根本沒有去聆聽溝通，而是忽視大部分市民的第四層，
第五層次的需要。政府的想法仍然停留在六、七十年代，只是照顧
大家的起居飲食和安穩，而沒有照顧大家的歸屬感和尊重。政府根
本不知道過去40年的發展，使我們新一代年輕人已經不再擔心衣、
食、住和行等基本需要。事實上，香港人，付出過去40年的努力，
令香港變成世界上首五名最富有的國際城市，年青人要尋求的是歸
屬感和受人尊重。

這幾年，我退休後
進入大學與這一代
年輕人接觸，確認
他們最重視的需要
的正是受到尊重和
與朋友之間的歸屬
感。

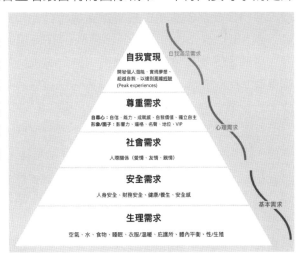

在這套《狂舞派3》電影中，主角們是一班 KIDA（Kowloon Industrial District Artists）。他們走在九龍灣工業區一起做他們最擅長的表演藝術，他們找到在一個比較便宜的環境去發展他們的夢想，其間「無心插柳」把工廈活化。然後，工廈又輾轉再變成一個另類文化地方。其實，看看一些公民社會，如台灣的「松山」和「中山」，周圍的地鐵站上蓋都充滿尊重年輕人的文化藝術發展。相比香港，台灣人民享受著公民體制，市民和政府的關係是平等互動。如果香港政府懂得處理這個關係，政府只需要衷心聆聽這些 KIDA 的想法，再透過社福團體，不同渠道向他們解釋這區發展出來的得並是什麼。

然後，政府再表揚 KIDA 們在這裡投入的心血和精神，於情於理應獲得妥善補償並提供相宜新區域讓他們再展拳腳，事情就不會發展到「騎虎難下」的現況。想起1994在美國銀行工作時的類似經歷，當時公司為省下高昂的租金，決定將總行辦公大樓由中環搬往鰂魚涌（租金便宜60%），在決策過程中得知搬遷令員工感到諸多不便，因而直接在鰂魚涌辦事處開展一層（3,000多平方呎）作為員工食堂，並安排專車接駁自中環至鰂魚涌的交通，令同事們覺得受到尊重，透過溝通化解矛盾，最終搬遷成功。

同一道理，如果《狂舞派3》電影裡政府能夠從善如流，懂得用類似的方法與年輕人溝通，不但可以把這些年輕人的不同藝術細胞激發，還能透過這些發展中獲得的部份利益，成立發展基金資助他們搬往另一個舊寫字樓區（例如從九龍灣搬往牛頭角，牛頭角搬往荃

灣）。過程中可以支援他們，令他們融入新的地方，重新建立新的社群。果如是，九龍灣 KIDA 便會覺得被尊重，同時一齊會響應協調做好搬遷的事。

反觀《狂舞派3》電影中官員、發展商和利益團體們只顧在九龍灣舊工業區劃出當中一幅地，利用這班 KIDA 們做門面 show，給社會大眾交代便算！卻完全忽略 KIDA 們的真正想法、需要、尊重、藝術氛圍、個人所長及後續發展…… 這正正反映現今政府為什麼不能夠 functioning（運作）的原因。更甚的是時任政務司張建忠司長居然在某一公開場說：「大學生可以去洗碗，鍛鍊一下！」可嘆司長思維完全這樣的脫節離地。

Father of Modern Management（現代管理之父），Peter Ferdinand Drucker（彼得 • 德魯克）（1909——2005年）一生致力研究「如何令一個社會有效地運作（functioning）」。他認為社會是由：人、機構（公司或團體）及社會本身而成。《狂舞派3》電影中的官員，發展商等決策人物只是為show「硬體」給公眾人士，讓外人「看得見」他們是多麼地「關心和照顧」KIDA 們的發展，事實卻忽視與年輕人溝通、解釋、協調、改善、修正並促進融合，令年輕KIDA 們覺得不受尊重，最終將他們推向能幫助社會持續發展的「對立面」。

替死鬼

　　1974年暑假期間，我在葵涌的一間繡花廠做暑期工，認識了一班踢足球非常出色的波友。由於他們的介紹，我加入了『光華足球會』預備組，足球隊的班主是鼎鼎大名的四大探長之一『顏雄』，他的地位僅次於呂樂總探長，負責看管「黃、賭、毒」猖獗的油尖旺地區。由於有大金主贊助經費，所以球隊時常可以往澳門，甚至遠至台灣比賽；在當時基層的社會來看，搭乘飛機已經是很大件事，更何況是「遠征軍」。由於我經濟上捉襟見肘，所以最遠也只是到過澳門比賽。

　　在球隊裡，有一位波友，由於已經出來工作，所以經濟上比較好寬裕，差不多每次都能參加「遠征軍」到台灣比賽。從他口中知悉，他每次往台灣的前一天，顏雄的助手會為他安排一些「舶來品」，即是「來路」貨品，例如：洋酒、名貴手錶、金項鏈等，替顏雄帶往台灣交貨。由於是出發前的一天，波友可以有足夠的時間檢查所有要帶的「貨品」，才安心地出征。經過好幾次的交收，如是者取得信任後，在一次飛往台灣前，那個助手藉著因時間緊迫，在上機前的最後一刻，才把「貨品」交給我的波友，在離開香港時沒有什麼問題，但到了台灣就出事了。

　　數天後，從報章知悉，台灣海關從波友的行李中搜出了毒品「海洛英」，以當時的價值超過港幣200萬港元，再過了數月，那個波友就被槍斃了。最後，在江湖兄弟口中探聽得知，原來那個波友是被人用來「交數」的，因為香港是「賣」的一方，需要久不久就要交人，給台灣那些受賄的海關人員作交數之用，即是做了「替死鬼」。

　　從這件事上，使我每次外遊都提高警惕，不會幫助別人攜帶任

何東西，也不會在過關時帶有同情心（不是自己沒有同情心，而是防人之心不可無）。所以提醒大家，不要在過關時幫助一些陌生人、公公、婆婆，甚或是手抱嬰孩的婦孺携帶他們的東西，因為稍一不慎，會被無辜牽連，除牢獄之災外，更甚是性命可能不保。

超越自己，我做得到

在中六、中七時（1976——1977），我的成績一直頗為優良，但最後卻考不上香港大學及中文大學，而入讀了當時還未升格為大學的浸會學院。當時我受到很大打擊，但三哥激勵我説：「每一個人的讀書成績是要看他除了讀書外還需要兼顧多少其他事物；像有些人不幸地患有殘疾，若果他能夠完成中學及能照顧自己的起居飲食，他們的成就便超越了一些正常及家境比較富裕的大學生了；況且將來若你能成材，浸會學院更會因你而驕傲。」從那時開始，我本著一個信念：「具備真材實料的人，無需依靠名牌大學的冠冕，而應該朝著超越自己，我做得到！Excel Ourselves: Yes, We Can！的目標前進。」

其實當時我曾想過放棄去浸會學院繼續升學，希望能夠早一些出來社會做事，減輕三位哥哥對家庭的經濟負擔；當三哥得知我有這種想法時卻跟我説：「無論有多辛苦，都一定要完成專上課程，因為家中只要我們倆能夠完成大學專上課程，往後的日子便會過得容易些，其他弟妹也會因我們，從而增加他們將來升讀大學的機會。」他又説：「只要大家努力，必能克服困難，成就一番事業的。」

事實上，當我開始讀大專一年級時，我和三哥很是奔波，他在中大，我在浸會，身兼數職，除了有數份補習外，又要到北角三哥開辦的「清華補習社」幫手教書。

　　由於時間不敷應用，所以時常也需要走堂。還記得有一位已仙遊的教授 Robert Chen，他教的是 Mathematics for Business，他是一位很和藹可親及很體諒同學處境的教授，尤其是對一些需要兼職的同學，由於這課程是最高積分的4 credit units（一般課程只是2至3 credit units），所以這課程的最終成績會對 Grade Point Average（GPA）影響很大，再者，我每年都要申請獎學金，最少的GPA 也要3分或以上（即平均每課程要拿B 或以上，而當時每學期是要修讀18分，即大約6至7個課程）。

　　恰巧，我的補習兼職正正與 Mathematics for Business 課程的三分之二課堂（lectures）撞個正著，為了要兩者兼顧及考慮到我的數學基礎比較好（因中學讀 Science 的關係），所以「硬著頭皮」跟教授解釋家境狀況及有必要做兼職去支持家庭生活開支。估不到的是，教授很體諒地支持，但為了要公平處理，他要我一定最少考取到95分或以上才可取得A 級成績，而其他的同學只需要考取85分便可取得A 級成績；就此，我便接受他的安排，並承諾不會令他失望，結果感恩地我兌現承諾，亦同時讓教授對其他同學有所交待。

對自己微不足道的事情，對別人可能是極之重要的

　　在大學的四年（1977——1981）生活中，由於非常好動及精力充沛，除讀書及補習教書之外，亦參與多項活動，生活多姿多彩。一年級時，我獲選為工商管理學系的系會幹事及學生會小組幹事，又入選了浸會學院的足球及田徑校隊，這些活動，都對往後的人生有極大幫助，特別是下述的三件事都對我畢業後在職場上有著較深遠的影響：

　　（一）替中、小學生補習，令我可以接觸到比自己年紀顯著較少的同學，學會了耐性地與少年人相處；當時每月上門幫四組中小學生補習，每週三次，每次一至個半小時，合共每月賺取1,000元，當中會拿800元給媽媽作為每月家用；而我的收入除了補習外，還有獎、助學金，每年能考獲大概一萬元，這些錢會用來買書、交學費（當時一年的學費是2,800元）和交通生活等費用。

　　（二）作為系會及學生會幹事，能讓我與不同學系和不同性格的同學相處，這大大增強我的溝通技巧；況且，要在多項活動、補習教書和讀書中取得平衡，使我學會了怎樣才能更有效率地運用及分配時間。

　　（三）在浸會的第一年，剛開學時還未獲得獎、助學金，當時家裡窮困得要緊，連交第一期學費的錢也沒有，幸得暑期工的老闆（Mrs. Margaret Wong）借錢給我先交學費（她的醫生丈夫非常富有，當時已經擁有尖沙咀山林道整幢商業大廈）。在開學後的第一個月，我拿到獎學金，便立即跑上她的寫字樓還錢給她。當她見到我的時

候，她説雖然那些錢對她來説根本不算什麼，但她欣賞我能遵守承諾。從這件事，令我明白有時做人未必一定幸福，幸福也不是必然！但當時，我就感受到自己很幸福，因為那1,400元（當時我的暑期工工資每月只是500元），對她來説只是小事一椿，但對我來説，卻足已影響我的一生。相對有些人，即如小事也未必肯替別人解困，Mrs. Wong 的熱心助人，更深深地鑲嵌在我的心窩裡。從此，我學會：「即使對自己微不足道的事情，對別人可能是極之重要的。」所以，對於那些需要幫助的人，我都會盡能力去幫助。

做任何事都要有信念，要堅持 Doing The Right Thing

1979年初春期間，我正在讀大二，而三哥明欽在中文大學讀大三，因油麻地避風塘要進行填海工程，需要將大部份艇戶強行遷置上樓，但政府卻將艇戶安置到偏遠的地區；三哥與我和一群社運青年，便組合一起，在十號風球下，協助艇戶策劃反對行動，安排申訴及請願。警方由一個外籍警司帶領，我仍清楚記得他名叫「威利」，他帶著警察和防暴隊包圍著我們十數個帶頭青年，我當時有些擔心，但三哥叫我別怕，並説：「做任何事都要有信念，要堅持 Doing The Right Thing, even though we might be arrested。」這次行動和經歷，種下我往後寶貴的做人處事的態度，也使我長大至今，都會為社會上的弱勢社群盡一點點綿力。從那時開始，Doing The Right Thing 便成為我重要的核心價值。

1980年，我參加了尖沙咀基督教協進會青年外展服務計劃，每

星期抽出八小時在基督教協進會有關的社區裡當外展社工，每月有250元的津貼。第一次工作任務是被派往大窩口社區發展中心當「北斗星」的工作；主要是接觸屋邨內一些13、4歲的邊緣青少年，他們大部份因為無心向學而游手好閒、無所事事。我與北斗星同工們主要是透過與這些邊緣青少年閒談、一起踢波，天南地北說說無聊事，慢慢建立信任，引領他們一步步重拾自信及自我認同；進而啟迪他們的心靈，從而盡快脫離黑社會活躍份子，回歸正途。由於我們是社區中心的職員，那些黑幫份子也不敢對我們這班北斗星同工造次。

當中有一位15、6歲的女孩，她叫「美玉」，在一間私立中學就讀中三，當時她的言行舉止十足十是一名「飛女」，在我們的薰陶下，她漸漸地疏遠那些黑社會的朋友，更完成中學課程，當上了導遊領隊。另一位邊緣少年，他的名字叫「奀仔」，當時很想去紋身，因為他覺得很有型、很威，在我們輔導時，我對他勸說，有些事情是可以錯，但有些事情則萬萬不能錯第一次，例如「吸毒」和「紋身」。以當時的技術，紋身是一生一世的，沒可能「今天紋，明天脫」。我們便提議他用貼紙紋身的那一種先嘗試，不喜歡時隨時可以脫下；那次他的悟性很高，接受了我們的建議。後來，奀仔完成中學後，加入了「獅子」銀行，由「櫃面」做起，經過多年的努力，十年後便獲擢升為銀行分行經理。我們這班北斗星同工，在當時缺乏資源支援下，用身體力行的方法與黑社會鬥快搶回那些悟性較高的邊緣少年，回歸正途。

社會所需要的，應為才智與誠信兼備的人才

1980年1月，收到香港浸會學院院長一封信，恭賀我以5A1B 成績獲得 "President Honor"。得到這榮譽固然開心，但更重要的是這榮譽令我一生懷著一個重要的理念前行，而這理念是來自謝志偉院長在嘉獎信內的一段説話，謝院長是這麼説的：「We will not only keep up our good work but will also help others to improve themselves, so that our college will be permeated with the atmosphere of scholarly pursuit … I hope the education that you receive at this college will be education for the whole person. Our society needs people with not only high intelligence but also with a deep sense of integrity.」意思是説：「我們不但要做好本份，更要幫助別人提昇自我，讓學者作育英才，薪火相傳的理念，蔚成本校之風。寄望你在本校所學，乃為全人之教育。我們社會所需要的，應為才智與誠信兼備的人才。」

1980年9月升讀第四年畢業級時，由於要確保每年獲得獎學金，所以每天繼續幫學生補習，完畢回家後（很多時已經十時多了），匆匆吃過晚飯，務必繼而挑燈夜讀，努力考取較佳成績以獲得獎學金。假若沒有獎學金的資助，我的收入僅足以應付家裡的緊絀生活支出，根本沒有餘錢繳交學費。由於讀書與工作過於辛勞，不幸地而染上肺癆。

幸好當時得到老師們的理解和體諒，准許我彈性上課，令我可以在學習、工作與休息之間取得平衡。在治療的頭3個月，隔天要到位於石硤尾的胸肺治療中心接受針藥的治療。每一次要在半小時

內吞下15粒像斗零（五仙）大小的藥丸和在臀部打下一支約200ml
的大針。最初數星期，由於藥丸沒有膠囊包裹，所以有數次都反嘔
出來，護士便教我每次買一盒紙包五花茶或罐裝 Coca-Cola 和藥丸
同服，效果相當成功。但這樣方式吃藥，種下了往後40年都不敢再
飲 Coca-Cola 和五花茶了。

　　過了3個月，病情有所進展，顧問醫生 Dr. Mrs. Mak 批准不用
再打針，只需要繼續吃藥。再過多3個月，醫生就批准我暫停吃藥，
觀察3個月再作決定。幸運地，從那時開始往後的40年，肺癆病便
遠我而去了。大約在1988年中，有一次，我當時一位朋友與我到她
的好同學家裡晚宴，地點是在九龍塘一間3,000多呎的豪宅，在她
家裡，我竟然遇見醫治我肺癆的顧問醫生 Dr. Mrs. Mak …… 緣份真
是太巧妙了！

機會只是留給有準備好的人

　　1981年5月畢業後，經過一番面試，首先是獲得「牛奶公司」集
團其下的「惠康超級市場」聘請做見習經理，8月1日於石硤尾上班，
月薪是3,250元。一週後，又喜獲新鴻基銀行聘請做見習經理，月薪
是2,500元。由於當時政府正大力發展銀行業並宣傳將香港打發展成
為亞洲金融中心，最終選擇了加盟銀行業，9月15日在灣仔合和中心
上班。與我同一屆的 Management Trainees（見習生）總共有19位，
他們分別畢業於美國、加拿大及香港的大學和大專院校。經過三、
四年努力、我們同一屆的 Trainees 都大部份升做 Assistant Managers

（助理經理）。

　　我職場人生第一位啟蒙導師是機構業務發展部門的 Mr. Patrick Kwok；他悉心栽培新人，不惜加班教導下屬去改善一個又一個「貸款推薦報告書」，亦時常加班開會講解寫作要點 …… 等等，同事們都暗稱他為Professor Kwok。

　　第二位啟蒙導師是信貸風險部門的 Mr. Kenneth Yu。這位恩師思路清晰，信貸及風險邏輯分析出眾，每當業務發展部的經理們對貸款個案有異議時，他每次都能以理服人，令同事們對他非常敬重及欽佩，所以同事都尊稱他為 Yu Sir。在80年代初，中國政府鐵定於1997年收回香港，即時激起大部份中青一代有識之士移民外國，Yu Sir 也在85年中移民到美國。由於他聰明絕頂，所以很快就考獲美國的會計、保險、公司秘書的牌照，從而成立了自己的會計師行，一直至數年前才交棒給傳承者。Yu Sir 到美國後便能繼續用「腦力」加「努力」而成功建立自己會計師事業，是一位百中無一的、有成就的香港人移民。

　　Yu Sir 最重要的教導是年青時不要虛耗光陰，更應要努力扎實基礎，因為「機會只是留給有準備好的人！」在他的鼓勵下，我於1984報讀理工學院夜間兼讀的銀行學課程（Banking Studies）以能考取英國銀行學會（Institute of Bankers）的準會員（Associate）專業資格；當時理工校舍不敷應用，所以課程要借用灣仔鄧肇堅中學作校舍；每星期上3晚課，每晚由7時至9時半，由於家住長沙灣，所以下課後回到家中，差不多11時才吃晚飯。

　　每逢星期六、日，我就會「隱瞞」朋友，往大哥、二哥位於上水彩園邨的家裡溫習讀書，很多時候，當朋友找我打桌球、踢波或開 party 時，往往是在星期日下午五時才開始活動。經過兩年的努力，雖然每星期都做苦行僧，但最終都獲得良好的回報；除了能以優良成績畢業外，所有學到有關銀行、法律、會計和進出口貿易、宏觀經濟知識等 …… 都能在日後應用於銀行的工作上。

上天該不會開這個玩笑吧？

　　在工作的首十年（1981——1990年），得到數位銀行恩師（Patrick Kwok、Yu Sir、威哥Peter Hong 和Alton Ng）的指導和提攜，更銘記「機會是留給有準備者，惟有知識更能改變命運」的信念，所以便在工餘時修讀了兩個兼讀課程，第一個是於1984——1986年在理工學院完成了Higher Certificate in Banking Studies 和1987——1989年在澳門公開大學完成了MBA 課程。所學到的知識，對工作有極大的幫助，使我在首10年的銀行界工作有良好的表現，因而獲得上司的賞識，能夠從見習經理一步步地被擢升至美國銀行（亞洲）的個人銀行業務的副總裁（Vice President）。

　　在這10年的工餘時間，我亦跟隨三哥明欽參與社會運動，從而協助他追尋從政的理想。三哥是位滿腔熱誠，胸懷理想的青年。由於貧困的童年，使他深深體會社會上有著許多不公平的事。他在中文大學新亞書院畢業後，在屯門大興邨的「沈香林中學」任教，工餘時就服務當地社區和為市民爭取合理權益。

　　我從1983年開始，就一直協助三哥參與屯門的社區服務，1985年就輔助三哥競選首屆地區區議會直接選舉，1986輔助三哥競選首屆區域市政局直接選舉和1991年首屆地區直選的立法局選舉。1991年的初秋，三哥以當屆最高票數當選成為第一位身兼區議會、區域市政局及立法局的三料議員，我既興奮又自豪，心裡以三哥為榮。我常常提醒自己：「我尊重自己，就是尊重三哥；我鞭策自己要不斷努力前進，不可被人輕看，免得人

家也輕看三哥。」

　　未料三哥當選後，在1991年12月中開始感冒發燒，時好些、時又發燒，由於工作繁忙，沒有時間去看醫生，一直延至農曆年前的數天才看醫生，三哥初被診斷為患上重感冒，但吃藥兩星期後仍全無起色，到2月15日晚發燒至104.8度，終於需要召喚救護車送往瑪麗醫院搶救，翌日醫生證實三哥患上急性血癌；那時內心震驚之餘卻還需鎮定，因為要支持三哥及家人對抗癌魔；心想以往那麼艱難的日子都難不到我們一家人，這次三哥聯同我們家人並肩作戰，一定可以戰勝病魔；況且他才剛剛當選，所謂「天將降大任於斯人也，必先苦其心志，勞其筋骨」，上天該不會開這個玩笑吧？

不幸地證實患上血癌

　　三哥在1992年2月15日晚上10時多被送入瑪麗醫院急症室，當晚立刻進行抽血及多類檢查。翌日，不幸地證實患上血癌。得知三哥患上血癌後，全家人都十分震驚，其實在他病發前也有些先兆。回想起來，三哥於立法局選舉期間，身體其實已不大理想，選舉之後，雖然大家都覺得他精神大不如前，看來十分疲累，但他不以為然，工作量依樣無減。身體方面，其實他已出現了一些病徵，如出現腹瀉，排出黑褐色的排泄物；在十幾度的氣溫下要穿兩件羊毛背心和兩條褲子；容易感冒；發燒經久不退等。

　　在他患病前，他仍處理很多立法局的工作；自進入政府帳目

委員會後，在聚焦科大超支事件上，要徹查事件真相，而有關事件所牽涉的各方面卻愈來愈廣，至最終立法局動議，請時任校董會主席鍾士元爵士解釋，事件峰迴路轉，令全城嘩然，媒體更因工作艱鉅給予立法局帳目委員會高度評價。

另一件是一宗轟動全球的慘劇⋯⋯在農曆新年期間，石崗越南船民中心大毆鬥，十幾人死亡，百多人受傷。三哥作為立法局保安小組成員，立即趕赴現場，激勵當時在場處理眾多受傷的醫護人員和平息雙方毆鬥的防暴警察。

2月19日上午，三哥開始進行為期兩週的化療，但當天發現手震，之後更發覺左、右手都不受控地抽動，腦科教授立即為三哥進行腦掃描。當天下午醫生告訴我們，掃描報告顯示三哥腦部出血，有一小血塊壓著神經，要立刻停止化療，輸入血小板，阻止繼續出血。醫生告訴我們情況很危險，生存機會只有五成；醫生只告訴三哥他腦部出血，但沒有告訴他的危險程度；醫生跟我們說，若三哥能渡過那天晚上，腦部出血受控制，便能渡過危險期。當晚大哥留在房中陪伴，其他兄弟妹及三嫂為了避免三哥起疑心，我們就在病房外面戰戰兢兢的渡過一晚。翌日早上，三哥情況逐漸穩定，過了兩天，醫生亦同意開始第一階段的化療。我跟三嫂、兄嫂弟妹商量，我們一共10人，分為3組，廿四小時陪伴三哥，以便照顧及支持三哥一同對抗癌魔。

One
Chapter

秋風秋雨的渡日
是青春少年時

明天，勢必能達到理想之地

　　1992年2月19日早上9時，三哥開始第一階段的化療。2月22日凌晨時份，已經是我第4個晚上單獨留下陪伴三哥，內心忐忑不安，思緒萬千，但願三哥能安然渡過這次厄運，則我折福多少年也在所不惜。猶記得1976年夏天，父親要動腦手術切割壓著三叉神經線腫瘤的時候，我每晚都向上天禱告，我答應上天，如能令父親手術成功，我願意折福10年；幸運地，父親那次手術成功，直到2011年1月主懷安息，感謝上天。

　　從2月22日凌晨開始，我每晚都用同一方法向上天祈禱，感覺有信心再次成功，所以就對臥在病牀上望著天花板若有所思的三哥說：「你一定要像處理公共事務那樣地堅定意志、排除萬難去面對和克服未來三個星期的化療。」之後我更鼓勵三哥說：「昨天，你把暖風吹滿了生命之帆；今天，漸漸駛向似錦的前程；明天，勢必能達到理想之地。…… 天將降大任於斯人，必先勞其筋骨，苦其心志，所以，三哥你一定能做到，一定做得到！」

　　3月10日，三哥晚上精神特佳，心情也特別好，他主動對我說：「血癌，以前只是一種令人聞而震驚的病症，現在方體驗箇中痛楚，抵抗力極度衰竭時迷迷惘惘，發燒時起落不定，口腔潰爛，有抵抗力時比較好些，但衰弱時，卻成了周而復始的苦楚；脫髮後的儀容，一時間令我心裡難言感受 ……」

我安慰他説：「不管如何，我深信三哥你一定能憑著堅定意志，接受這一次艱辛的試煉，況且，你在這次抗癌歷程中並不孤單。每天有著至愛的家人，兄弟妹及成千上萬的市民為你祈禱。」三哥繼續説：「我本來沒有任何宗教信仰，但病中經歷，令我深信世間有主宰，人稱之為上帝。基督徒善心的關懷，不斷寄來數千多封的慰問信及小冊子，表達了他們的關懷，增添我抗病的勇氣，加上醫護人員殷勤的照料，令我感激萬分。」

最好的準備，最壞的打算

1992年3月19日醫生替三哥抽骨髓後，決定在4月下旬進行移植骨髓手術。由於完成化療後的反應良好，精神穩定，所以在3月22日獲得醫生批准，三哥一家人和我們兄弟妹一同在病房內為三哥和三嫂慶祝六周年的結婚紀念日，三哥的兒子哲熙和女兒思諾畫了些圖畫送給三哥，哲熙的圖畫中有山、有船、有樹、有水果，説要請爸爸吃這些水果！思諾説爸爸的禿頭不好看，著他戴回帽子。

三哥問思諾：「爹哋戴帽好看，還是不戴帽好看？」她説：「戴帽好看！」小朋友只知爹哋身體不適，卻不知原來患了這麼沉重的病。哲熙早前更在電話説：「你還不快些回來，整天賴在牀上，似隻懶豬一樣！」小朋友尚不知道發生了什麼事情，不過這樣也好，小朋友年紀小，若知道了會為他們帶來憂慮，未必是一件好事。

4月1日，三哥開始骨髓移植的準備療程，他每天須服食數十粒抗癌藥物及進行為期三天的電療，然後在4月10日透過妹妹將骨髓植入他的體內。醫生詳述，服食抗癌藥及電療，雖可消滅三哥體內的癌細胞，但同時亦會損害正常細胞，抵抗力將會降至最低點，因而極易受到感染，所以會安排三哥入住幾乎無菌的隔離病房。骨髓移植固然有一定的危險性，但由於三哥所患的血癌是較嚴重的一類，若不進行骨髓移植手術，康復的機會近乎零。

據醫生說，手術後可能會出現兩類反應：第一類是身體上的痛楚，包括喉嚨疼痛、口腔潰爛、作嘔作悶、精神欠佳、發冷發熱等症狀，情況會維持兩至三個星期。當時家人們都不擔心這一類反應，因為我們都知道三哥必能憑著個人意志及醫生、護士們的悉心護理，一定能克服過來。第二類情況則非常棘手，這包括骨髓排斥、細菌感染的併發症等等。若果發生這類情況，就只好作「最好的準備，最壞的打算」了。

昨天的努力，明天的見證

1992年4月7日，過去一週是三哥骨髓移植手術準備療程最後的程序，每晚我都陪三哥聊天，好讓他能入睡；他最喜歡是介紹當日來探訪的親友及朋友，細訴與他們的關係。對我來說，印象最深刻是「突破出版社」的蔡元雲醫生和李淑潔女士。三哥跟「突破出版社」的蔡元雲醫生和李淑潔女士商量之後，把他的作品定名為《昨天的努力，明天的見證》，並期望在4月24日生日的日

子出版。在當時出這本書的最大意義，是在出書過程中能帶給三哥一種高度支持和鼓勵作用。從他們交談的過程中，我深深感受他們倆位的積極投入及視出版三哥的書為使命，使我感動不已。三哥亦跟我分享他找「突破出版社」是因為他們除了有很好的形象以外，處事也非常認真。

4月8日，醫生跟家人說三哥在過去兩週骨髓移植手術的準備程序經已完成，有關報告一切良好，所以決定4月10日下午為三哥進行接受妹妹芳玲的骨髓移植手術。當天晚上，輪到我獨個兒陪伴三哥，他心情特佳，跟我回憶童年及從政的經歷。由偷渡來港開始，到在貧民窟中的生活、所遇到的朋友，以及當時的艱難生活百態，如「走鬼」、警察胡亂拉人、收黑錢等，我們都一一暢談。

我們談到一同進入九龍工業中學，他怎樣勝出當學生會會長，以及接觸「反貪污、捉葛柏」、「保衛釣魚臺」、「文憑教師運動」、「聯合工業學校展覽」、各種聯校活動及讀書的激烈競爭情況。再談到踏入預科時期，如何參予社會活動，並認識及加入「教育行動組」，開始參與「艇戶事件」、「金禧事件」，及後參加「香港社區組織協會」、「大坑東居委會」等。接著進入中文大學，開始半工讀生活，並在北角真理中學教書，及到洗衣街伊利沙伯中

學及其他夜校任教。

　　翌日4月9日晚上，仍然由我陪伴三哥，他更興致勃勃的繼續與我回憶他的大學畢業後的人生經歷，當晚他提到「滙點」是怎樣由醞釀至成立過程，各兄弟的不同見解及步入政黨化的歷程。

骨髓移植手術

1992年4月9日晚上，三哥翌日將進行骨髓移植手術，他跟我說到大學畢業後的第一份全職，是在屯門佛教沈香林中學任教，課餘時便在屯門社區積極投入地區民生工作。他回顧1985年首次參加區議會直選而勝出屯門大興選區的選舉，談到在競選過程中的黑暗面，及如何堅持Doing The Right Thing的核心價值而與黑暗面週旋；雖然宣傳掛版屢遭破壞，更被恐嚇，但最後都在區議會選舉成功；我們更深入地談到他於1985年10月遇襲的原因和在1986年3月於區域市政局選舉成功，及後於1991年10月透過立法局直接選舉，成為立法局議員，在數月內揭露科大超支事件和處理元朗八鄉骨灰龕事件，最為社會上大部份市民的支持。

4月10日下午1時，妹妹被推進入手術室，三哥則在瑪麗醫院J8座病房盼著。骨髓抽取的過程很順利，約三時許，醫生攜著盛著妹妹骨髓的冷凍箱離開手術室而急步走去J8座三哥處。醫生後來說總共從妹妹身上抽了一公升骨髓移植到三哥身上。

4月12日，妹妹可以離開病床，所以我陪伴她去探望三哥；他精神很飽滿，面露笑容，我告訴他說醫生們對這次的手術寄望極大，信必成功。

5月初，骨髓手術後的3星期，家人們每一刻最担心和害怕的，就是恐怕有細菌感染的跡象，幸而終於渡過最易受感染的三星期限期；醫生們也覺得三哥的反應算是不錯，計劃讓三哥在5月中回家休息，這使家人們都放鬆一點點。

　　很可惜，在5月14日晚上，醫生告訴家人們他們剛剛發現三哥骨髓內有4% 癌細胞；跟著的兩星期，壞消息接踵而來，胰臟急性發炎，肝部出現毛病等等都令我們每一刻提心吊膽，深怕突然傳來噩訊。但害怕歸害怕，當時家人們仍相信既然三哥是一個大好人，上天必不會把他拿來開玩笑，三哥定必能逃離病魔。

　　5月22日，醫生告知我們家人三哥的情況並沒有好轉，從肝臟酵素續升，數字上可界定為末期肝衰竭，有見及此，醫生教授便主動提議我們家人24小時陪伴他。到此刻，我開始感受到三哥死亡的來臨，因為連醫生教授們也放棄最後隔離細菌的防線。

　　5月24日，醫生教授更告知我們，他們不反對家人們用其他方法（中醫藥及氣功等）醫治三哥。

他一生勞役，為別人而生

　　1992年6月4日早晨7時許，三哥請家人替他安排買花圈，並代為擺放在維多利亞公園以示敬意。當時感到他真的非常熱愛祖國，在自身仍處於重病下，仍不忘這些禮儀，實在是他對中國熱切期盼的表現。

　　6月17日晚上，醫生們告知我們家人，三哥由於白血病復發，骨髓已經有20% 壞細胞，血液亦有30% 壞細胞；而肝功能復原機會極微，所以隨時會有生命危險。當晚凌晨時份，我獨自一人在房內陪伴三哥。當我望着三哥時，他的睡姿正面對着我，我忽然幻想自己變成「超人」，發動氣功，將真氣輸入他體內，殺死所有壞細胞，

恢復他的肝功能,創造出奇蹟。

6月18日晚上,我開車從杏花邨送妹妹到瑪麗醫院接替三嫂回家休息,由於三嫂在病房中陪伴三哥時要假裝他的病情沒有惡化,所以一出病房就淚如雨下,如河堤崩缺,我心裡極度痛苦難過,一路輕扶三嫂進車內,上天像也憐憫著我們,一路下著傾盤大雨。由於心緒不寧、精神恍惚,險些在東區走廊撞上一部突然切線的跑車,幸好閃避及時,避過車禍,其後在驚嚇之下抖擻精神起來,便小心翼翼駕駛,強忍淚水地安慰三嫂說:「三哥一生中注定甚麼事情都創先河,中二已經是深水埗區撲滅罪行展覽會主席,中三是全港七所工業學校聯合展覽會主席,77年還是中六預科生時便開始參與中文運動、金禧事件、油麻地艇戶上岸等社會運動。又是第一位中學生加入「教育行動組」工作,爭取廢除升中試、中三淘汰試,並最後成功爭取11年免費教育。

大學畢業後在屯門任教時便已兼職參選區議會,在第一次選舉中便獲得全港最高票當選;1985年第一次參選區域市政局也是獲得全港最多票當選,1991年第一次參選立法局便當選立法局議員。由始至終,一生只為他人,每日最多休息5、6小時,18小時為別人而活。假如沒有這病,往後的日子也是一生勞役,為別人而生!或者,天意要安排他提早卸下重擔,完全地休息。」

我一定要活下去,活下去!

1992年6月18日晚上,從瑪麗醫院回到家裡,跟大哥、二哥、三嫂一同商量後事的安排。由於恐怕妹妹接受不了,決定暫時不讓她知道實情,由我分階段告訴她,讓她慢慢有心理準備,其他親人就告訴實情。所有應對「港同盟」及傳媒,就由我應付和聯絡。之後電告李柱銘、何俊仁、張文光和朱牧師等關於明欽的最新情況,請他們安排有關人等開會,商討善後工作。

在過去的30年,每年一到6月18日晚上,我定必朗誦起蘇東坡傳頌千古的一闕詞「水調歌頭」,藉此悼念先兄明欽:

『明月幾時有,把酒問青天?
不知天上宮闕,今夕是何年。
我欲乘風歸去,又恐瓊樓玉宇,高處不勝寒。
起舞弄清影,何似在人間。
轉朱閣,低綺戶。照無眠。
不應有恨,何事長向別時圓?
人有悲歡離合,月有陰晴圓缺,此事古難全。
但願人長久,千里共嬋娟。』

6月19日(星期五)凌晨,驀然醒來,始知自己在客廳的沙發上酣睡了數十分鐘;依然疲憊,步出露台,只見矇矓月色,彷彿月兒也

為三哥即將離世而掛上愁容，一時感觸，便哼起了林子祥的「每一個晚上」來：

『我突然無言靜了下去細心把你望，
只想再看一次令我暖暖的眼光，
在漫長漫長路上你我未重遇那天，
今天的目光天天我會想千趟。
已淡忘從前與你渡過多少風與浪，
只知過往歡笑大半數也因你起，
在漫長路途莫論你我未來在哪方，
一天風在飛，一天我不忘掉你。
每一個晚上我將會遠望，
無涯星海點點星光，
求萬里星際燃點你路，
叮囑風聲代呼喚你千趟。』

哼完這首歌後，心裡抑鬱輕抒，想起一班朋友及同事們過去數月的開解，關懷和言詞懇切的慰問，使我深信三哥的光輝雖然短暫，但照耀眾人的心靈，音容永存世間。忽地想，我上次許下折福10年的願可能誠意不夠，所以不能救活三哥。我再向上天禱告，今次願意以我的生命和一切，換回三哥的生命，我千萬個願意。若果上天決違我意，我惟有默然接受，但一定要堅定意志地活下去，支持母

親、三嫂、三哥的一對活寶貝，栽培他們倆長大成材，延續三哥沒法完成的夢想，薪火相傳下去，我一定要活下去，活下去！

We Shall Overcome

1992年6月21日（星期日），早上7時送三嫂到醫院，見到三哥仰臥床上，大聲叫他一聲，他只能眼皮微動，已經沒有轉身望我，心裡很是難過和惶恐。心想今天是父親節，希望他能夠憑意志堅持到下午見到兩個小朋友共度父親節。

下午4時，我帶著兩個小朋友去瑪麗醫院J8七號病房看望他們的父親；小朋友一進入病房，就大叫Daddy，只見三哥只能眼睛微動。由於覺得兩個小朋友見了Daddy後表情很是驚慄，所以趕緊帶了他們步出病房。

我詢問醫生三哥的情況，他說三哥由於肝臟已死，所以毒素已進入腦部，應該捱不過當晚，但暫時數小時沒有危險。我立即趕去帶母親到醫院，到達時已大約7時，她在房門外見了三哥最後一面，默默無言；我知道母親心裡已傷痛到極點，我已按捺不住，淚如雨下。

6月21日（星期日），晚上大約9時，三哥很多要好的戰友、好友，包括李柱銘、朱耀明牧師、楊森、何俊仁、張文光、李永達、陳樹英等人已經到達；當時三哥已在彌留之間；我心想，由於三哥一生為人積善好德，所以我深信上天必會令三哥平靜地安息。

我見三哥不時抽搐，周姑娘和Amy姑娘不停進進出出病房為三哥減輕痛楚；到6月22日（星期一）清晨2時左右醫生說三哥已經極

度危殆。朱牧師、所有兄弟、嫂嫂、弟婦和三哥的數位親密戰友圍在病床邊，由朱牧師領唱詩歌"We Shall Overcome"，而周姑娘就在三哥旁邊不停的抹去三哥的嘔吐物，一路就飲泣下淚，看見這個情景，使我在心痛之餘，也為三哥驕傲。

此刻在房門外，陸陸續續已經有數百位三哥的戰友及街坊們滙集與他訣別。到3時正，三哥心臟跳動突然高低去到極點，跟著就一條直線，我們大哭起來，醫生最後替三哥照瞳孔；3時05分，醫生説三哥已經離我們而去；我們兄弟妹們一直陪伴三嫂，圍在三哥的床前，我由於太過悲慟，突然暈倒，幸好有何俊仁和李柱銘一直在旁，他們立刻攙扶著我，不停叫我振作起來。我在病房外稍坐片刻，再次入房撫摸三哥，他仍然暖和。稍後駕車載三嫂回家途中，前面朦朧夜空，一直下著毛毛細雨；5時正新聞報告，報導員黯然宣佈三哥離世的消息，跟著就播出一串串哀樂來。

我已經畫咗幅畫俾Daddy，叫佢唔好死啊！

1992年6月23日三哥離開後第一天，我參加了由「港同盟」李永達領導的治喪工作小組會議：期間見到三哥的遺照，不期然緬懷三哥。在他去世後，有成千上萬社會各階層人士向他致敬，更有「港同盟」及其他親密戰友傾力協辦喪事，衷心盼望三哥在天堂上能主懷安息。

6月27日下午5時，三哥的主診醫護小組，由梁憲孫醫生率領到靈堂前致祭；約6時，在"We shall overcome"的歌曲中，元朗十八

鄉數十位70至80歲的老婆婆親身到三哥靈堂前致敬（因三哥在半年前協助這些老婆婆成功令政府擱置了十八鄉興建骨灰龕事件），使我再也不能自控，不停哭了數十分鐘。當晚臨離開殯儀館時，我帶著兩位小朋友Say goodbye to Daddy，哲熙說：「我有話對Daddy講，我要話俾佢聽我要多謝佢叫媽咪買嘅van仔玩具。」思諾在旁邊說：「我好驚啊！」我安撫著她，然後叫她Bye-bye Daddy，她精靈地照做了，跟著便說：「我已經畫咗幅畫俾Daddy，叫佢唔好死啊！」

　　6月28日（星期日）清晨6時半左右，天文台掛起當年第一次的三號風球，外面下著大雨，心想自三哥6月22日逝世到6月27日都一直天朗氣清，難道上天也來哭祭一番？8時到達殯儀館，立刻到三哥靈柩面前祈禱，盼望三哥能令上天停雨，希望能順利辦好出殯事宜，並方便親友來致祭。果然天氣在11時許轉晴，一直到我們坐上靈車出殯儀館時，天氣似乎按捺不住，灑下幾滴細雨。及至棺木安放在歌連臣角火葬場的教堂內，又響起數道雷聲，剎那間令莊嚴的喪禮添上了幾分哀愁；及至一切殮葬儀式完畢，驅車往酒樓吃「解穢酒」時，外面就突然下著傾盤大雨來了。

　　沒想到，三哥最後真的離開了我們。我哭得很痛，自己從未如此地哭過，但旋即又意識到不可以任由內心的悲痛拖垮自己，很多事情等著我處理，很多親人需要我去安慰，我一定要堅強的熬下去。

前面是哪方
誰伴我闖蕩

你有了抑鬱症

　　1992年10月初，三哥離世12星期後，我與「突破機構」完成了出版三哥的紀念書《燃點此生》的事宜；突然間在當天晚上，開始感覺很多懸而未決的問題、壓力和憂慮正在快速積累，就像魯迅在他著名的《吶喊》自序（1922年）裡說：「…… 這寂寞又一天一天長大起來，如大毒蛇，纏著了我的靈魂了。

　　然而，我雖然自有無端的悲哀，卻也並不憤懣，因為這經驗使我反省，看見自己了；我絕對不是一個振臂一呼應者雲集的英雄。

　　只是我自己的寂寞是不可不驅除的，因為這於我太痛苦。我於是用了種種方法，來麻醉自己的靈魂，使我沉入於國民中，使我回到古代去，後來也親歷或旁觀過幾樣更寂寞更悲哀的事，都為我所不願追懷，甘心使他們和我的腦一同消滅在泥土裡的 …… 再沒青年時候的慷慨激昂的意思了。」

　　本來想著三哥離世的傷痛很快定能熬過去，但事與願違。在完成了出版三哥的紀念書整整半年裡，我每夜都失眠，他的音容揮之不去。每當夜闌人靜，望著黑漆的窗外，望著黯黑的天花板，我像是墮入了深深的幽谷，無法自拔。

　　1993年3月中，我由好朋友麥醫生的陪同下，去看香港腦科的權威李醫生（他是三哥恩師的弟弟），我對李醫生說：「醫生，我最近把自己看成是一個「失敗者」，心裡想著自己注定是一個貧困，受辱和失望的人；同時我已經沒有離開家裡一星期了，每天都躲在被窩裡不願下床；而且已經一星期沒有上班了。當我上星期還有五分鐘到達辦公室時，突然間，我的腦海裡下令自己不能再前行，我

用力推動身體前進，但心裡拒絕配合。我的心好像長時間被淹沒，我的周圍環境好像與自己沒有任何關係，我常常想死。」

李醫生説：「你有了抑鬱症，這病是因為哥哥離世所引起的。我幫你打消沮喪情緒和焦慮就會好過來的，需要吃些「開心丸」3個月至半年。」

我遵照醫生吩咐服用抗抑鬱藥；每星期覆診一次，每一次見到他的時候，我都希望從他口中聽到「你可以停止服藥了」。然而，一週一週的過去還是沒有聽到醫生説出這句説話；很快3個月過去了，我還是常常感覺不快樂，可幸的是可以回辦公室上班了；又3個月過去了，我發現自己開始有些活力了，有興趣看看電影和踢足球。我將這感受告訴了醫生，他説：「你可以暫停服藥兩星期，之後覆診時看看情況如何。」

獅子座流星雨的啟示

三哥明欽於1992年6月22日離世後，我深深墮入了陰暗的幽谷整整一年，有幸得到兩位朋友麥醫生及李醫生的醫治，直至1993年8月中的一次新聞報導中，得知當年世界各地都可以看到百年一遇的「獅子座流星雨」，在漆黑的夜空會出現閃爍的流星如雨般散落。剎那間我突然想到宇宙的偉大和奇妙，今天所看到的，原來竟是數十甚至是數百萬的星光，真難想像地球在數百萬年前是甚麼樣子……人太渺小了，生命實在太脆弱了，我可以做些甚麼呢？百年一次的流星雨，亦只不過為香港人帶來數天的好奇；該刻我便想

到只願身體健康，有自己的家庭，身邊有摯愛的親人和一班肝膽相照的好朋友，並盡力貢獻自己，為社會添一分光。

我認識到自己的渺小和責任，這是一種很實在的感覺；然而，真正成為我生命幽谷中的曙光，卻是自己改變了對三哥的思念態度。從前因懷念三哥，我在書桌上放了他的遺照。在麥醫生及李醫生的啟蒙下，及得到「獅子座流星雨」的啟發後，心裡想法改變了：

我要懷念珍惜的並不是三哥的音容笑貌，而是他的理想及其對社會的貢獻。

自此之後，我重新振作，希望在未來的日子裡，綻發出像三哥曾燃起的燦爛光輝。

自1993年8月能夠從抑鬱中復原過來，之後就從新啟航，全心投入工作。1997年7月香港回歸祖國之前，香港經濟和政治穩定，所以銀行生意達標不難；但隨著1997年7月1日回歸而來的亞洲金融風暴，就使到銀行的業務範圍及往後業務發展，遭遇到巨大的挑戰及發生前所未有的變化。銀行的收入，過去幾十年的傳統是透過吸收存款，發放貸款而賺取中間的息差。由於金融風暴後，經濟的每一個環節一落千丈，引致工商融資、樓宇按揭及各類貸款大幅萎縮多於百份之二十，銀行為了維持生存和盈利，開源節流是唯一的辦法。

亞洲金融風暴

　　隨著1997年10月亞洲金融風暴，銀行界的業務範圍遭遇到巨大的挑戰及收入產生變化。為開源起見便拓展其他收入渠道，主要在包括非利息收入方面的股票、基金、黃金買賣、為客戶提供財富管理和保險業務。

　　在節流方面，為了盡力使到每一位前線同事不致失業，因應業務策略的更改進行了架構上的重組，同時也由於這些巨變，銀行對員工的知識及技能要求也提高很多。在架構重組方面，得力於上司的賞識及信任，我獲委派去研究重組安排，可以令同事因應能力、專才而轉換崗位，前提是務必要保持大部份同事都有工作。終極目標是要滿足美國總行的要求，把零售銀行業務員工總數裁減了10名。

　　我把公司委派的工作做好，成立新的中央信貸批核部，將部份分行前線員工，轉職到新的部門，並積極帶領同事下屬時刻裝備自己，從而建立強力的團隊，提升同事個人及部門整體的工作表現，迎接往後的新挑戰。我亦因此得到上司的賞識和提拔，管理多個不同部門。

　　1999年，美國銀行的亞洲區大老闆需要調回美國，公司為他舉辦了歡送會。那位大老闆挑選數位下屬與他同桌，當時我的職級比大老闆低五、六級，但他竟選了我與他同桌而坐。當晚更在台上介紹我，他這樣的説：「我在1992年由韓國來到香港工作的時候，從我的下屬口中聽到了香港有一位同事，由於公司提供給員工的培訓資助不足，他竟然用自己的金錢贊助所有願意進修

的下屬一半學費。在美國的社會中，我從沒有聽聞過，因為每個人都覺得培訓只是公司的事情，絕對不會用自己的金錢幫助別人提升能力和潛能，所以我今天選了這位同事與我同桌。」

大老闆繼續說：「我在獲悉事件後，立即將員工的培訓資助金額大大提高，好讓更多同事獲得自我進修的機會」。我從來都沒想過此事會傳到大老闆耳朵裡，更想不到這件事能令西方的大公司領袖，對中國人留下深刻的良好印象。

TEAM 就是Together Everyone Achieve More

我資助下屬一半培訓學費，並非要獲美國大老闆讚賞，亦並非為了想他對中國人留下深刻的良好印象。只因事實上我若沒有別人的幫助也就沒有今天的少少成就，一個人的力量十分有限，而我幸運地一生中，獲得多位貴人相助，例如讀書時得到一位好心老闆的借款，才能交學費入讀浸會學院。對於受過別人的恩惠，我十分感激，所以我希望將這份愛傳揚開去，更何況幫助和鼓勵下屬進修是提高士氣的方法，從而增加生產力。我深信工作的成功有賴團體合作精神（teamwork），TEAM 就是Together Everyone Achieve More。一個有遠見的領袖，就是要去團結所有成員，發揮更大的作用，令大家都能獲益。

我在1981年浸會學院畢業後都持續不斷地進修，除了深信：「機會是留給準備好的人，唯有知識更能改變命運」之外，更確信人是不能預知機會何時來臨的。在2000年晉升管理團隊之

後，由於需要更多企業願景（Vision）、使命（Mission）及策略性
（Strategic）的知識及經驗，銀行便委派我到美國進修銀行管理
課程。該課程是由美國維珍尼亞大學和全美商業零售銀行學會合
辦，是一個三年制在職兼讀銀行專業文憑課程。課程最令人嚮往
的是連續三年的暑假期間，銀行需要撥出兩週時間，讓受訓員工
親臨美國維珍尼亞大學接受由早上6:30至晚上10:30「軍訓式」
密集培訓和調研。

　　到2002年畢業時，原先的71位同學，最終能堅持下來的
只餘38位；校方在課程的最後一天，突然安排一次全班同學一
同午宴，期間要求大家根據領導能力（Leadership）、智謀能力
（Resourcefulness）、熱誠（Enthusiasm）、助人（Helpfulness）、
對人處事智慧（Wisdom）和其他數個性格特質（Characteristic
Traits）等各方面的考慮，相互投票選出當屆畢業的最佳同學。
幸運地，我為港爭光，喜獲殊榮。

在美國進修銀行管理課程的3年間，我同時將所學到的新知識及經驗，應用在銀行的業務上，不斷提升業務部門同事的能力，在當時香港經濟正遭受到經歷亞洲金融風暴後帶來的極大傷害，頓時激發起各有關部門同事的士氣，令到公司業務成績每年都能夠位列銀行界前茅。

書山有路勤為徑

在提升業務部門同事能力過程中，下列的一則小故事很值得與大家分享：

2000年7月，我正在飛機上前往美國攻讀「如何經營商業零售銀行」課程的一年，看了一本當時最暢銷的新書 "Who Moved My Cheese ?" (《誰動了我的奶酪？》) 而深受感染。

作者 Dr Spencer Johnson 教導讀者怎樣才能積極面對和接受改變並積極運用適當的行動去回應改變。當時，香港剛剛從1997年回歸之後面對亞洲金融風暴的大大打擊，迎來了50年以來第一次連續6年的經濟大衰退，資產價格大幅下挫。

樓價用「中原城市指數」計算，由1997年9月最高的100點，下跌至2003年第三季〔嚴重急性呼吸道綜合症（即沙士，SARS）完結時〕的37點，下挫了63%。銀行為了能繼續「活下來」，必需作出大轉型，由原來只做放貸和存款業務，進而加添財富管理，基金及保險銷售業務。我當時主管銀行前線銷售業務，當然就要有所承擔。

　　首先要改變同事對業務作出大轉型是巨大挑戰的心態，當時重要的第一步是建立強力的團隊，適逢 Spencer Johnson 在那時出了這本《誰動了我的奶酪？》的書，我立刻買了十數本，送給我的經理們閱讀，並引用它作為銀行業務大轉型的理論基礎，讓經理們明白為甚麼銀行要作出大轉型。

　　本書內容深入淺出，使經理們能迅速「buy in」（接納），並正面去面對、接受改變並積極地帶領同事們一同作出適當行動去配合改變。全靠這本《誰動了我的奶酪？》幫助我成功完成了業務大轉型，真可謂：「書山有路勤為徑」。亦由於在整個轉型期間創出佳績，於2006年第三季美國銀行總部能以吸引的溢價把香港的商業和零售業務售予中國建設銀行，而我亦有幸被美國銀行委任為這個收購合併的項目總監。之後亦因緣際會，繼續在合併後的中國建設銀行（亞洲）工作至2017年退休。

　　這10年的經歷，令我深深體會在中國市場的大國企是如

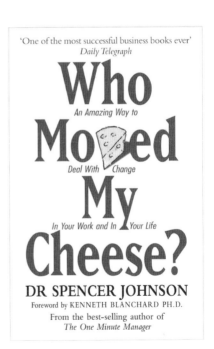

何運營和操作的！更令我了解和認識中國在共產黨的領導下，她的黨務、國務、政治、經濟和金融領域是如何盤根錯節地運營。最大收獲莫過於在退休後這數年，能運用當時所學回來的知識和經驗，在專欄和YouTube平台，與各位讀者和網友分享我的粗淺認識。

銷售Oscar

2001年8月，我完成了「如何經營商業零售銀行」第二年（2/3）的課程；這一年主要是教導怎樣成功做一個銀行行政管理領袖。課程內容主要是研究享負盛名的美國林肯總統，怎樣運用他的精明領導才幹，在南北戰爭過程中帶領北軍戰勝南軍從而統一美國，奠定美國繼後一百多年能達致國富民強及領導世界地位的根基。

我從學習中悟出一連串的領導方式，把它應用在銀行事務上；在那一連串的領導方式中，我將最重要的要點，歸納為下列三點：

1. When you have focused people on your goal, let them take charge of the details.
2. Articulate the goal, simply and clearly – and often!
3. Don't waste your energies trying to change people – but use their talents to achieve the goal.

　　我將這三點具體化為一幅易讀易記的書簽,並印製過膠,送給我的經理們分享。再者,我將這個應用個案與我美國的課程導師分享,獲得她的認同和嘉許。

　　至於在領導前線同事做銷售工作,最重要的兩大支柱,就是團隊士氣和永不言敗的精神。團隊士氣除了自己銀行各部門同事外,還包括和銀行合作的生意伙伴。在零售銀行業務方面,我們最主要的生意伙伴是投資基金界和保險界。

　　為了要讓銷售同事長期保持鬥志高昂,銀行每一年都聯同上述兩界的生意伙伴合作舉辦一年一度的銷售Oscar晚宴,藉此嘉獎在過去一年於銷售銀行投資產品及服務有卓越表現的同事,每年的Oscar晚宴,大約都在春季三月間舉行。

　　第一個值得與大家分享的 Oscar 晚宴是在2002年舉行的那一屆。當時正值香港近40年一遇的經濟大衰退。2002年3月12日晚上,美國銀行(亞洲)CEO,錢先生(Mr. Samuel Tsien)在致詞中說:「2001年度我們銀行在投資產品及服務業績打破以往的紀錄 ……,這業績最難能可貴之處是在香港連續4年通縮超越10%,GDP 連續四年負增長,股市相比97年高峯下跌40%,住宅樓宇市道相比97年高峯下跌50% 所達致 ……」

　　繼後在宣布 Oscar Winners 之前,我亦在致詞中分享了以下兩則感想:

(1)卓越成績是全靠各部門的同事和各基金、保險界伙伴們在過
　　往一年的創新、拼勁努力成果。我引用了當時與一班熱情的

同事修改了一段大家都熟悉的歌詞，原曲：《獅子山下》與大家共勉美國銀行（亞洲）精神：

「⋯⋯ 放開彼此心中壓力，

銀行業務一起去追，

同舟共濟同事相隨，

無畏更無懼，

我哋大家用艱辛努力，

寫下我哋美國銀行（亞洲）成功嘅名句。」

（2）今晚的 Oscar Winners，在過去一年都是用「五到」信念，即是「眼到」、「心到」、「口到」、「手到」和『腳到』，去「乘風破浪」的：

「⋯⋯ 遙遙遠路莫怕它，

重重障礙莫怕它，

人人勵行勵志，

不斷努力，

共闖高峰。」

信任員工能夠勝任工作

事實上，錢先生（Mr. Samuel Tsien）是我一生中在銀行業的最重要導師，他教導和啟迪我深刻的事情不勝枚舉。在他領導下，我和管理行政同事學曉銀行重要的社會責任之一是善用資金，令經濟更蓬勃。錢先生深明銀行在風險控制和監管的重要，

在銀行的日常管理中，他時刻都教導和提醒行政人員重視員工操守和銀行的風險控制，不斷提升銀行企業管理水準及透明度。

錢先生（Mr. Samuel Tsien）在銀行業服務逾45年，推動了香港經濟的轉型，促進健全的金融體制、投資和發展，是其中一位對香港及中國內地金融發展作出鉅大貢獻的出色銀行家。他出生於上海，成長於香港，在美國加州大學洛杉磯分校主修經濟學。1977年畢業後，隨即加盟香港美國銀行，接受行政人員培訓，並在香港及美國擔任企業銀行和信貸風險管理要職。1995年獲委任為美國銀行（亞洲）行政總裁，1996年晉升為全球美國銀行集團的執行副總裁。

錢先生洞察力和魄力既為銀行帶來良好的業績；他往往能針對香港經濟環境變化，調整銀行的融資策略和發展方向。隨著香港1997回歸中國，香港經濟結構遇大轉變，錢先生將銀行業務重點從香港和澳門擴展至中國內地市場。2002——2006年，中國金融業正經歷加入WTO後的重大改革，整個轉型期間是錢先生帶領的。

美國銀行（亞洲）創出佳績，於2006年第三季美國銀行總部能以吸引的溢價把香港的商業和零售業務售予中國建設銀行，錢先生轉而成為建設銀行（亞洲）行政總裁。而我亦有幸被委任為這個收購合併的項目總監。之後亦因緣際會，繼續在合併後的中國建設銀行（亞洲）工作至2017年退休。這10年的經歷，令我深深體會在中國市場的大國企是如何運營和操作的！更令我瞭解

和認識中國在共產黨的領導下，她的黨務、國務、政治、經濟和金融領域是如何盤根錯節地運營。最大收獲莫過於在退休後這數年，能運用當時所學回來的知識和經驗，在此專欄和YouTube平台，與各位讀者和網友分享。

最令我一世都管用的，是從錢先生學會了信任員工能夠勝任工作，而這份信任最終亦成雙向的。這份信任亦令我能有效和成功實踐了上文提及領導力的三個重點：

1. When you have focused people on your goal, let them take charge of the details.
2. Articulate the goal, simply and clearly – and often!
3. Don't waste your energies trying to change people – but use their talents to achieve the goal.

2007年7月，錢先生加入新加坡華僑銀行集團，擔任企業銀行環球總裁，2012年4月晉升為該銀行的首席執行官。新加坡華僑銀行是全球獲最高評價的銀行之一，於2011年和2012年連續兩年獲《彭博市場》雜誌評為全球的最強銀行。

2003年SARS

　　2003年初春，香港發生了死亡率極高的非典型肺炎（簡稱SARS），它主要是襲擊呼吸系統，引致患者肺部衰竭而死亡。SARS是在世界衛生組織的檔案從沒有紀錄的疾病，據後來研究人員報告說，它起源於中國南部的省市，再傳遍中國各大省市，後入侵香港、加拿大、美國、新加坡、澳洲、歐洲等。由初春經過約3個月的肆虐到初夏疫症才漸漸平息，在香港總共大約有299人死亡，1,433人康復（中國則有348人死亡，4,941人康復），這些康復者，他們到現在仍然有極多的後遺症。

　　在4月初當香港被世衛組織宣佈為「疫埠」之後，由於大約有大半世紀沒有這種處理疫埠經驗，所以全城都有著不同程度的驚恐，我們銀行的前線員工就算能夠在電話裡推銷產品也格外困難，更休想約客戶到分行見面。所以2003年首兩季的銀行生意一落千丈，前線員工失去信心。為了振奮人心和鼓勵士氣，我每隔一晚都到不同的分行聽取同事的意見，安慰同事，讓他們相信難關是會渡過的。

　　在每次集會上，我引用一些和諧的遊戲帶動氣氛及從而鼓勵同事們抒發他們的擔憂和分享能夠在困難環境應用突圍而出的意見；我提議將他們的意見重點歸納為四大類（Better, Less, More and Different），透過互聯網及電子郵箱與各分行同事分享，務使各同事感受到大家是同舟共濟、團結一致地面對困難。到疫情的中段，我更和一位資深的同事撰寫了一篇文章給CEO先生（Mr. Samuel Tsien），讓他也能理解前線同事的願望和心聲。在這篇文章發出後

數天，我們的CEO 就推出了德政，顯著減少了第二季度的生意目標百份之三十。這給予前線同事們很大的鼓勵；同事亦真正感受到被關懷及體恤。

當 SARS 疫情在當年初夏結束後，在第三及四季時，每位前線員工都加倍努力日以繼夜地為銀行追回落後的生意額度，務求全年度業務不但能夠超標。最後，憑著同事們鬥志高昂及努力不懈的拼搏精神，銀行創出了2003年度業績打破歷年紀錄的佳績。

生與死，只在一念節儉之間

2004年的南亞海嘯對我和家人來說，是深刻難忘的一幕。當時電視連續多個星期都播著海嘯的情形及相關新聞，既驚險、令人痛心的場面一幕接一幕，電視沒完沒了的廣播，我們就沒完沒了的觀看，更令人最痛心的是莫過於愛莫能助。南亞海嘯令我回想起當時環繞著我和大姨兩家人及我的好朋友一家人發生的兩件逃過死劫的事件，至今想起仍有餘悸。今天先與你們分享我和家人的經歷，生與死，只在一念節儉之間。

「節儉是美德」的信念，救了我和大姨兩家人的命。2004年11月底，我和大姨兩家一共7人準備報旅行團，到外地遊玩。那年正值香港沙士（SARS）事件後一年，經濟大為好轉，大部份聖誕旅行熱門地點都預早爆滿，我們報團時，只餘下了泰國曼谷和布吉還有團位。

布吉團4天團費大概是港幣3,000元，而曼谷的，即使入住五

星級的君悅酒店也只是港幣3,000元左右。最後,我們決定前往布吉,享受陽光與海灘。報名後一星期,旅行社致電,指團費有所更改,由原本的3,000元加至4,000元,由於加幅尚算合理,我們願意多支付每名1,000元的團費。

不過,後來旅行社又再致電,指團費又有所提升,需要6,000元一名。當時有感加幅實在太大,大得有點兒不合理,於是我們作出理性的決定,改變行程,到曼谷遊玩。這份節儉的想法,如是者就是改變我們一生的關鍵。

南亞海嘯發生時間大概在2004年12月26日的早上8時30分,倘若我們堅持到布吉旅行,按原定計劃會在26日的傍晚起程回港。行程中雖然我們入住的酒店在布吉山腰的 Le Méridien,若海嘯發生時留在酒店內應不會受影響,但大部份到布吉遊玩的旅客(尤其是小朋友們)都會把握離開前享受陽光與海灘的最後機會。由於我們有三名5至7歲的小朋友同行,所以相信我們亦不例外。在海嘯發生的時間,我們都極大可能正在海邊玩樂,也就難逃一劫了!可能現在也就沒有機會與大家分享了。

人善人欺天不欺

提到2004年的南亞海嘯,我要和大家分享我的好朋友一家的經歷,生與死,只在他的一時寬容之氣。

我那位朋友從事銀行財務工作,於2004年12月25日出發到布吉旅行。他和家人原定當日上午到埗,但因工作關係,他們延遲至

晚上才抵達。原本訂了的酒店地下層房間也因延遲了登記入住，酒店亦轉租了給其他旅客，朋友一家最後被安排入住位於4樓的房間。

地下層的房間景色最優美，也最接近海灘，所以租金也是眾樓層中最昂貴的，當我朋友的太太知道要入住景觀較差的4樓房間時，深表不滿，便和酒店負責人理論一番。不過，我朋友為人隨和，認為只是小事一則，就勸阻他太太，最後入住四樓的房間。

早上海嘯發生時，海水不斷湧上岸灘，酒店地下層至3樓都被洪水淹沒，我朋友一家因住在四樓而逃過一劫，絲毫無損。正就是因為朋友的善心和隨和，令他一家得以安全，止正應驗了「人善人欺天不欺」。

2005年，我從美國公幹回來，桌面多了一本書。打開一看是一位聯交所朋友發過來的，寫著：「你如果看了這本書，一定獲益良多，其內容會令你改變對人生的看法。」這位朋友花名叫「鬼仔」，90年代初在美國銀行做 Management Trainee（見習生），在美國讀書畢業，我比他大十幾二十年。

看這本書的時候剛好是香港經歷50年以來經濟最艱難的5年（1998——2003年）。香港經歷1997年10月的金融風暴，經濟在1998年大跌，經濟大衰退到2004年才走出低迷狀態。看完這本書，我真的被其內容改變了我對人生的看法。

這本書名為"Tuesdays with Morrie"（翻譯版《最後14堂星期二的課》）；作者是Mitch Albom。這是一本作者的真人真事，描

述和他終生的教授恩師 Morrie 的故事。

　　Morrie 常叫作者 Mickey。作者是在波士頓讀書的時候遇到這位教授，而他和我們大部分人一樣，一畢業就投身於商場之中廢寢忘餐地賺錢。他在商界打拼了16年後，就去了底特律那邊工作。在一次偶然的機會下，他從一個電視訪問節目上看到自己的恩師，得知教授 Morrie 身患和「霍金」一樣的絕症 「肌肉萎縮性脊髓側索硬化症」，並且時日無多。

物質上或虛名上的滿足永遠不及精神上的滿足

　　《最後14堂星期二的課》的作者 Mitch Albom 覺得這位恩師在當年不但教曉了他許多課本上的知識，更多的是做人的道理。他毅然決定飛去波士頓找他的教授。到達時，發覺教授真人已經瘦削了許多。在與教授聊天的對話當中，發覺並沒有很多人幫忙料理教授。為了表達對教授的敬愛，他決定每星期抽一天時間飛去波士頓陪伴教授，而那天定了在星期二，也是這本書叫《最後14堂星期二的課》的原因。

　　這本書裡面總共說了十四個星期二，每個星期有一個和我們日常人生過程有關的專題。作者本身是一個知名的專欄作家，經常涉及寫稿、電視和電台等傳媒這方面的工作。在恩師離世後，他利用他的強項整理了在教授那裡記下的一些筆記，大致上分為死亡、衰老、婚姻、社會、朋友、做人的人生意義等，分享給外界。我抽了書裡面一些內容與大家分享。

　　第一是談論「活著的葬禮」── 相信大家可能在內地的一些電影裡面見過，有些仍在世的人會在臨去世前辦一個葬禮，希望在葬禮上可以看到一些朋友，與他們話別，也希望朋友們可以說他們在人生有哪些地方做得好或不好的地方，讓大家可以一起分享，比起自己去世後，聆聽不到時，朋友才在葬禮訴說好得多了。

　　第二是談論「死亡」── 教授 Morrie 和作者說，當一個人在生活勞役的狀態下，不能真正地體會人生。但若在人生中能學會如何去死亡，我們便會懂得怎樣去生活。許多時候，我們花了人生大部份時間去追名逐利，花盡精力去尋求一些我們以為很重要的東

西。但當我們老了以後，回頭一看，才意會到原來這些物質上或虛名上的滿足永遠不及精神上的滿足。

第三是談論「感情事」── 書中提及人生應該全程投入感情，包括愛情、人與人之間的關係等。我們所經歷的一切事情，應該要以真心去接受，例如談戀愛，我們應該真心地去談戀愛。例如疾病、失去親人的痛苦，我們也應該讓這些經歷真真正正地進入自己的心坎裡，不要逃避，這樣的體驗才能夠讓我們明白喜怒哀樂，也因為這樣才懂得，沒有悲傷就沒有快樂。為了讓我們有所體驗、經歷，只有用真心、真情去面對所有事情，才能感受我們的真實感覺。

第四是「婚姻方面」── Morrie 認為，現代許多人之所以認為婚姻是一種束縛，是因為人們不夠真心、真誠地對待婚姻，他們把婚姻當做是一種即興的事情，喜歡的時候便結婚，不喜歡便離婚。他認為社會上這一種的婚姻是由人與人之間的不信任產生的。與異性、另一個個體生活在一起，總會有不習慣、不協調的地方，也存在著性格上不同的問題。只要兩個異性透過互相真心地投入，互相包容，學會尊重對方，存異求同，便可改善這種關係的不信任，使婚姻不再是束縛。

第五是「衰老的問題」── 當人年老了，當然會羨慕年輕人。但若我們能接受現實，在經歷人生，經歷年老的過程中，一直追求生命的意義，我們就能擺脫這種心理，接受衰老。因為當生命一直存在目標，衰老更能充實我們的智慧去面對更多新挑戰，我們能在衰老路上意識到自己每次向前踏出的腳步，便不會對衰老

產生恐懼。

第六是「人與人之間需要寬容」—— 寬容不單是指對朋友或親人的寬容，更是指對自己個人的寬容。作者說到，若我們不能寬容地對待自己、寬容地對待朋友和親人，剩下的只有痛恨，或固執，無法放下枷鎖繼續向前走。

第七是「金錢的追逐」—— 舉個現實中的例子來說，中產階級的人會想與更富有的人作比較。他們努力賺錢、追逐金錢目的裡，不外乎是想告訴更富有的人知道，他們也是有錢的。又例如生活在基層的人們，有些為了滿足虛榮心，或想建立一個富有的形象，而花錢去買不同的名牌。實際上，比我們有錢的人大有人在，和更富有的人比較是沒有意思的，因為一定有人更富有，有人擁有更多。所以若我們以追逐金錢作為人生意義，感受存在的意義，只會是徒勞無功。要逃離這追逐金錢的魔掌，需要常以愛和包容去思考、行事，才能避免因金錢、虛榮或名利產生的短暫滿足感所迷惑，尋找到真正而恆久的心靈滿足。

在這14個星期裡面，我們能看到作者 Mitch 的鍥而不捨，每個星期花兩個多小時坐飛機去探望教授，希望在教授最後的日子裡，盡全力以學生的身分傳達對教授的用心栽培和教授他人生道理的感謝和感恩。在這本書裡面，可以充分地感受到他們的師生情深。

當你學會死亡，你便懂得活著

看完這本《最後14堂星期二的課》，我真的被其內容改變了我

對人生的看法。現在先和大家分享書中值得思考的一些金句。之後再分享這本書如何影響了我日後的想法和行為。

「當你學會死亡，你便懂得活著。」

「死亡只結束了生命，沒有結束關係。」

「生命中重要的事情就是，學習如何付出愛，以及接受愛。」

「有時你不能相信眼前所見，你必須相信自己的感覺。如果你想要別人信任你，你要先感覺自己能相信別人。」

「若躺在床上，你等於已死了。」

「愛是贏的，愛永遠是贏的。」

「當你開始成長，你會學到更多，如果你不從經驗中學習，那麼你將一直和22歲時一樣無知，但是變老的過程並不單只是身體的衰敗，而是在智慧上能夠累積和茁長，並不單只有邁向死亡般的無益，知道自己時間越來越少是件好事，因為那將讓我們把面對生命的方式調整得更美好。」

「他們的富有並不能為他們帶來開心或滿足，他們只是因為物質的富足而感覺富有。」

「每個人都知道自己會死，但沒有人把它當一回事。」這一句是教授 Morrie 的感嘆。

《最後14堂星期二的課》這本書，最主要是由「愛」去貫穿整本書的內容，而這個「愛」是來自各方面的。作者整理了與教授談論的哲學內容，把哲理編輯為一個個串連的故事，再分享給讀者。

這本書改變我的第一點，是在2005年，影響了我和下一代的

溝通方式。當時，我的侄兒侄女已經13、4歲了，而那個年代 email 也剛剛開始興起。我便學習了書裡面一個有智慧的做法，出了一個 "Friday Sharing"（「星期五分享」）的定時分享文章。對於13、4歲的小孩來說，沒可能讓他們坐下來聽你說耶穌，聽你說人生大道理，他們也未必有足夠的耐性，能坐下來聽完後，還可以消化內容。

　　因此，我和侄兒侄女們達成了一個共識，在每個星期五，我把從小到大遇到的大小事、從中的道理寫進文章，發給他們，和他們分享一些我和其他人認為對下一代人生有影響的經歷和道理。雖然在那個年紀，他們未必會明白我們所說的道理，亦未必會遇上我們所經歷的，但若在未來遇到類似的情況，也希望他們能用到我們傳達的知識，或參考我們在經歷中的做法，讓他們懂得待人接物。

The Seven Heavens

　　這本書改變了我和下一代溝通的方式，就是以寫文章和引用一些有意義的文章的做法，與他們分享人生的道理和經驗。我從2005年到2015年，一直持續10年定時在 "Friday Sharing" 裡分享文章。當中非常感謝我的秘書小姐的協助。除了日常的工作，她還另外抽取寶貴的私人時間，為我整理文章，在每個星期五發出去分享。這 "Friday Sharing" 從一開始只與親人分享，到後來傳遞給想閱讀的朋友，慢慢擴展10年到2015年，每一次分享給三、四千人的網絡，透過他們再分享給更多的人。

　　這本書改變我的第二點，是整理了教授 Morrie 談論哲學的

內容，編輯了一個 "The Seven Heavens" 的圖。我用這個圖來提點自己生命中重要、有意義的事情。在看了不同書籍和經歷了大半人生後，發覺其實我們的生活有99% 是和五個領域（Friend, Community, Family, Self 和Work）有關的，是需要我們專注讓自己能更好地分配時間，善用在五個領域上。當然我還是個失敗者，因為我花了大部分時間在 "Work" 上。現在為了補償，我願意花更多的時間在 "Family" 和 "Community" 上。

若你們還是2、30歲，非常建議你們規劃時間，善用時間在不同的領域（Friend, Community, Family, Self 和 Work）上。第一需要專注的當然是 Family。第二是自己的 Self-development，投資時間讓自己持續進修。Work 會佔據我們人生大概3、40年。而Community 是什麼呢？我們可以看到香港2019的6月9日一百萬人遊行，香港七分之一的人以出來遊行來表達訴求，讓政府可以重新審視條例修訂。雖然我們不成功，但我們已經成功向全世界展現了香港人的「愛與和平」精神，以遊行方式向政府爭取訴求。最後，就是我們的朋友圈子。

這本書改變我的第三點，可以說這本書貫穿了我對生命的看法。你們有想過自己的墓誌銘會寫上些什麼嗎？很多人都不知道墓誌銘上的字句並不是由自己決定怎麼寫的，而是由生命裡的親人或朋友寫上的。墓誌銘不會寫上你的遺產有多少錢、事業有多成功，或是遺留在世上的物質等，但卻會留下幫助了多少人的痕跡。出生的時候，我們哭了，但周圍的人卻笑了；死亡的時候，周圍的人哭

了，我們卻微笑地躺在土地上。這就是我們在整個人生追尋的事情
—— 追尋生命的意義。

Chasing the DAYLIGHT

2006年暑假，當時我的孩子就讀小學三年級，我和大姨兩家人到美國加利福尼亞州迪士尼、環球片場、冒險樂園遊玩。上機前，買了一本新書叫 "Chasing the DAYLIGHT"《追逐日光》，當時還沒有中文版本。在機上閱讀這本英文書，一邊看一邊哭，後來才知這是我人生一路走來，對我影響最深的書。由於愛不釋手，還帶了去迪士尼、環球片場、冒險樂園繼續看。記得那是下午2時，在加州的冒險樂園碰見了米奇老鼠，邀請他在我這本書上簽了名，在同一天的下午4時，剛好又碰見睡公主及布魯托，他們也幫我在書上簽了名。第二天，去了冒險樂園，在那裡碰見了胡迪和高飛，他們幫我簽了名，還有艾比特別在書中畫了一幅圖。

在這些開心的地方，為何會一邊看一邊哭？因為有很大的觸動，邊看邊想起三哥1992年離開我們時難捨難離的感覺、亦想起人生一路走來，現在可以看見大家已是第三次的重生了！

這本書是作者 Eugene O'Kelly（尤金 • 歐凱利）的告白，太太叫做 Helen（海倫）。他在美國紐約長大，1972年加入了畢馬威（KPMG，簡寫自 Klynveld Peat Marwick Goerdeler）當助理會計師。畢馬威是以經營會計業務為中心的大型國際專業服務網絡。經過三十年努力，在2002年，他當選了CEO（行政總裁），轄下有兩萬名員工，有數千名都是會計師合夥人，是當時頭五大會計師行。（現 KPMG 為四大國際會計師事務所之一，主要提供審計、稅務、管理顧問及法律服務。總部設於荷蘭，在2021年全球逾144個國家或者地區設有分支機構，員工總數達236,000人）。

當上行政總裁工作必定很繁忙，書中提及假如想邀請他吃午餐，普通的午餐，根本上是排不到的，若果是公事午餐，可能要安排到過百天之後才有機會。3天裡面，有20多小時都是在飛機上，有時候是美國去歐洲，有時是歐洲去中國，當時剛開拓中國市場。

只剩下三至六個月的壽命

在2005年，他當了3年行政總裁後，飛到上海一個世界性的會計師大會。他的同事看見他，發現他的面頰凹陷了，膚色不均，但他不以為意，繼續開會。直至返回美國，5月初去看醫生，醫生發現不對勁，便抽取組織化驗。直至月底，醫生告訴他很不幸，他的左腦有3粒非常惡毒的腫瘤，而且也到了末期。以當時來說，沒有標靶藥可以醫治，「只剩下3至6個月的壽命」。

當然，平常人一接收到這些消息，是沒法接受的，更何況他是行政總裁，在社會上有著這麼重要的位置。可能由於他本身的職業是從事會計，當一聽到時很難接受，但一個星期內便克服過來了。他理性告訴自己，既然上天選擇了他，也沒辦法。希望在餘下的3至6個月，做一些更有人生意義及平日不會做的事。他開始感恩上天，至少可以提前通知他還有3至6個月的壽命，所以他用了這個感恩信念幫自己籌劃最後的日子。他最珍貴及可惜的是在過去30多年搏殺的日子，絕少與太太、家人及當時14歲的女兒在一起。由他在5月下旬發現癌症直至到他離世是9月10號，差不多100天。他太太幫他完成 "Chasing the DAYLIGHT" 那本書最後一個章節，

她説：「平日很少有家庭樂，去到最後的日子，打高爾夫球成為很珍貴的回憶，他倆打球直至太陽下山時才打最後一棍。」太太將這個章節名為 "Chasing the DAYLIGHT"，亦是該書的命名。

　當 Eugene O'Kelly 籌劃自己最後的日子，他將重點放在三方面。第一是需要通知二萬位員工發生甚麼事。盡快找到接班人及正式離職，他才能更集中時間處理最後的日子。書裡提及他在最後的日子裡面，他將所有親人、朋友、同學及過去對他整個人生在職場有過幫助、啟蒙的人都一一寫下。然後將整個生活圈子畫了五個圈，最外層就是小學同學或者是生意上的朋友，一層一層畫下去，最核心的，當然是他太太及家人。他用了這個方法一一跟朋友、親人道別，有時到紐約中央公園吃午餐或吃完午餐在公園裡散步。書內有很多令你感到憐憫的章節，為什麼上天會這樣奪去一個有理想有抱負的人的性命。但是對於 Eugene O'Kelly 來説，他每一天都無悔、把握每一天，亦安慰自己上天讓他知道還有一百天的時間，跟所有他認為重要的人説再見。

★★★★★ 7

活在當下

第二方面是選擇一種治療的方式，到第四期末期，究竟用了什麼治療的方法。他聽了醫生的吩咐，也照料著自己的身體，選擇了醫生建議的每一種治療方法。

最後方面是活在當下的感覺，在整個一生最後階段過程中，他希望最後的美好時光是透過他的前進，跟每一位朋友道別，享受活在當下的感覺。他在書裡批評自己，過去的自己不懂得平衡，只顧著工作，沒有機會去體驗生活，社會上還有家庭、很多朋友、自我學習、其他地方需要關注。他曾經說如果沒有這個病，也不知道他的生活會怎樣繼續下去，只會每天繼續飛來飛去，每一天只為了公司去想。從來沒有想過，原來生命除了工作之外，還有其他東西。

"Chasing the DAYLIGHT" 如何改變我一生？首先分享一下這本書節錄的金句，在這本書的第19頁，作者說：「我的歷練與見解，給予我比大多數人更妥善處理自己最後階段的潛力。我將這次的機會，視為一份禮物。」

第95頁，「完美時刻的最終結果　結果即是目標的意思，品味生活不斷提供的滋味，但也能體驗這一切透過接受。」

在第109頁，「在我想死的這件事上，（對死亡保持續積極的態度給自己一個正確的死亡），所以要清楚了解死亡時，也要清楚清晰擁抱死亡。」

第113頁，「活在當下，學會重新察覺周遭的環境，就能為自己爭取到在身體健康的歲月裡，從不曾得到的許多許多的時間。」

有些哲理也值得跟大家分享，譬如他説：「許多人很有錢，他們的錢比自己需要的還要多，但是問他們為什麼要做自己正在做的事這個簡單問題的時候，他們便變得好可怕，他害怕一不工作，他們對社會不再重要，而這件在對社會不再重要的事對他們來説，是很重要。他們一停下來、不工作、對社會不重要，這便對他們來説好像一具活殭屍。」

人生金字塔（The Seven Heavens）

還有另一句，「我發現了現在就像一份禮物，這也是我這一輩子第一次活在當下，這樣做，在短短的兩週裡，比過去5年體驗到更多完美時刻完美日子」。這裡是説他得到這病的頭兩週，決定了辭職，然後去規劃他未來3至6個月如何渡過的時候，過了兩星期後才發覺，原來他以前什麼都不是，只懂得工作，不懂得平衡。如果一個人得到這個病的時候，這個人便會説為什麼是我，但 Eugene O'Kelly 是説，「我真幸運，因為醫生説我還有3個月的生命」。因為 Eugene O'Kelly 去比較一些飛來橫禍，突然離世的人。這一些便是我覺得值得與大家分享的金句及哲理。

去到最後部分，與大家分享我看完本書，對我生命的影響是甚麼？就是從新接受三哥的死亡，原本我對他的死亡，心懷怨憤，心想他對當時社會有這麼多的貢獻，任職立法局議員、市政局議員、及區議員。由於不願接受他的死亡，當我辦完他的後事大約3至4個月，我的心情便掉進入了一個深淵，不能自拔，患上很嚴重

的抑鬱症。一年後才能康復，靠藥物治療好。之後才能在93年開始集中工作，94年結婚，96年有了小朋友，並將全部精力放在工作上。直到2006年，看了這本書，才驀然醒覺，原來我每年只有時間看一套電影，都是每一年的年三十晚的賀歲片，約了家人、契仔契女的家人及侄兒侄女，共十多人一起去觀看，歡度賀歲時光。我以為這樣已經很珍貴，直到看完這本書，才知道自己不懂得甚麼叫做生活。

這本書看到 Eugene O'Kelly 他整個人生的規劃，他去到後期說他失敗，我也覺得自己失敗。他給我的啟蒙是我不能再這樣過日子。

這本書最後，Eugene O'Kelly 畫了五個圈，而這五個圈令到我覺得我們未來做事，不能側重於某一方面，需要平衡發展，不能失焦——而聚焦也是在整個「人生金字塔上（The Seven Heavens）」亦即「關注領域、策略、目標、能力、核心價值、長遠任務、願景。」

人生金字塔是用來提點自己生命中重要、有意義的事情。這本書給我起了第一層的基層，就是關注領域除了工作之外，還需要我們專注讓自己能更好地分配時間發展自己、家人、社會和朋友這四個關注領域（Self, Family, Community and Friend）。

如大毒蛇，纏住了我的靈魂了

2006年9月12日下午，中國建設銀行預定收購美國銀行（亞洲）的公告刊發後兩個星期，當時美國銀行（亞洲）的CEO在他的辦公室告訴我，他將任命我為執行收購過渡期及隨後整合的負責人，最後告訴我此次收購的完成預期將是在當年的12月31日。我很快意識到，我需要獲得收購相關的知識，能力和技能，以確保順利執行收購整合任命。因此我開始廢寢忘餐地從圖書館和書店找併購書籍，上互聯網下載相關併購文章，其中主要包括國家和組織的變化和併購中的文化差異。我也採訪了銀行業裡認識的併購專業前輩，吸收他們的見解和經驗。

我很快便發現，同一時間處理各部門眾多事項的挑戰，時間控制是重中之重，亦是壓力的來源！最糟糕的是除時間的巨大挑戰外，存在著被收購企業運用財政資源的限制。這些限制，最主要是在專業服務支出，它使我在履行我的職責時得不到來自專業人士像律師，會計師和經驗豐富的從業等適當和足夠的諮詢和支持。自接受任務3星期隨後的幾個月裡，我每天工作至晚上12時，並帶著頭痛、憂慮、緊張、未知和未解決的問題回到家中……我知道，我的懸而未決的問題積累了成為我的壓力，我憂慮的感覺一天一天增大，像一條巨大的毒蛇一般纏繞著我的靈魂。

然而，就像魯迅在他著名的《魯迅 吶喊自序》中所描述「……這寂寞又一天一天的長大起來，如大毒蛇，纏住了我的靈魂了。然而我雖然自有無端的悲哀，卻也並不憤懣，因為這經驗使我反省，看見自己了：就是我決不是一個振臂一呼應者雲集的英雄。」

經過129日的奮鬥，終在同年12月31日完成收購。前事剛完，一波又起，在完成收購業務後，我隨即投身到另一個合併業務當中。然而，難忘的是在2007年3月7日，我剛完成一場視像會議後，忽地裡一切都變得模糊，瞬間眼前一黑，我在辦公桌上倒了下來，失去了意識……

　　……在2007年3月8日的晚上，我看到我的靈魂離開我的身體在我的床上，我被家人，親戚和幾位朋友圍繞著。我永遠不會忘記那一幕，我永遠都不會忘記這些人。他們包括妻子，兒子，妹妹Ivy，Kamman，Christine 和兩位相交數十年的好友。

Burn-Out Depression

　　我嘗試提早兩星期回公司工作，那天早卜一件非常奇怪的事情發生了，當我接近我的辦公室，我想我的身體推進，但腦海下令要退一步，我的頭腦和身體經過半小時的交戰，依然在辦公室附近徘徊不前，我終於叫了我的同事過來，告訴了他們我的感受，他們安撫我，最後陪著我到辦公室。我看了看幾堆堆積成3呎高打印的電子郵件文件，開始有些害怕，我掙扎著閱讀第一封電子郵件，但見每行句子都是模糊的，我一路看一路掉下眼淚，同事及時發現這樣的局面，立即打電話給醫生。

　　當見到醫生時，我對他説：「我最近已經把自己看作一個失敗者，一個注定要失望、貧困、受屈辱和不足的人」。醫生建議我回醫院休息並再作檢查，幾天後我被診斷患有"Burn-Out Depression"

（倦怠抑鬱症）。我開始服用抗抑鬱症藥，過了兩個星期，我的病情開始穩定，又再過了3個星期，我發現自己活力重新煥發，我便返回辦公室去繼續收購整合項目。

我每週見醫生一次，每一次都希望從她那裡聽到「你可以停藥了」的消息，但每星期都失望一次，一直到兩個收購整合項目終於完成了的2007年10月，我問醫生我是否可以停止用藥，當她聽説我跟著幾年的工作任務是著手在香港和澳門快速擴展銀行網絡，她馬上勸我繼續服藥。

我接著看醫生12個月直至2008年10月，她第一次説，「現在可能是停止服用抗抑鬱藥物的正確時間了。」遺憾的是幸運之神遠離我，三個月過去了，在2009年1月中旬，我的消極想法再次浮現。我告訴醫生，她證實了我的抑鬱症復發了。

醫生告訴我，除了恢復用藥，我可考慮按照 Dr. Aaron Beck 提出的一種新形式的「認知療法」，亦稱為「思維理論」來療治。認知療法的重點是幫助患者改變關於自己的負面思維，改變認知他們周圍的世界，面向未來。認知治療的一個有效工具是建立和推行「驚人的目標」，通過實現這一目標的過程中，可以產生對自我積極的認同。

《Half Time》

大約在同一時間，我的一位長年摯友推薦我看一本書 ——《Half Time》（人生下半場） Bob Buford（2008）。它是關於作者

主人翁 Bob Buford 的真實故事。Bob 年少時人生起伏跌宕，11歲便擔起了生活的擔子，14歲失去了父親，31歲母親又在大火中喪生。但 Bob 仍堅持奮鬥，成為一名成功的商人，有線電視事業遍佈整個州。然而歡喜之際，他最優秀的兒子便在他40歲左右離去。由此，他便開始反思是否自己做得不夠好，及後結束自己的生意，重新上路，以自己的能力幫助其他社群，Bob 騰出時間、能量和金錢，幫助弱勢社群和貧困的人。

Bob 亦在過程中洞悉自己的宇宙 —— 「就是從通過他的商業世界中獲得的工作知識、經驗和長處，來完成所想做的事。」Bob 使自己不單帶著「成功商人」的名銜過一生，也成就了一個更偉大且富足的生命，同時促成了《Half Time》一書的誕生。

很多時候，人們常常在尋找要相信甚麼，可是真正該尋覓的，是我們所信之事，究竟對自己、對家庭、對社會有甚麼用？有甚麼幫助？

人生就如同一場球賽，大學畢業後在職場奮鬥的2、30年是上半場；到大約45至50歲的中年，孩子大了、事業成了，便是中場休息；及後，就是人生的下半場。

人的前半生，往往是追逐成功的2、30年。到了中年，我們不應帶著上半場的成功而沾沾自喜，也不能帶著上半場的失意而妄自菲薄。中場休息時，便該好好分析一下上半場，不是看前半生有甚麼不足，而是該勇於反省，檢討自己。許多人終其一生都在追逐名利、權勢、地位、物質與榮譽，但其實大部分人到最終都並非真正

需要這些。因而趁著休息的空檔，便要好好思索到底何為自己憧憬
的人生？到底下半生該如何走下去？自己又肩負著怎樣的使命？

　　人生的上半場，或許未能稱心如意，但球賽的勝利，往往取
決於下半場。中場休息，便是轉換心態、重新規劃生活的契機，找
出自己的強項，裝備自己，看看如何能幫助社會、幫助有需要的人。
更重要的是，到底在「人生金字塔」（The Seven Heavens） 中，
你對自己的一生，真正的願景（Vision）是甚麼？又怎樣才能達到？
在人生下半場重新出發，也可以活出另一個彩虹，將下半生活得更
有意義，將自己的精神理念傳承下去。

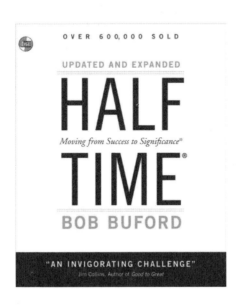

Chapter
Three

過去了的一切
會平息

踏上工商管理學博士（DBA）的旅程

　　2008年10月，雷曼兄弟不光彩的崩潰，最終導致了全球金融風暴，很多人認為，它的發生只是百年一遇。這樣的金融災難引起了我深入思考生活意義是如此劇烈和突然。在那段時間，我變得更加積極拷問我的靈魂深處尋找答案，一直到2009年3月底，我的靈感驅使我踏上工商管理學博士（DBA）的旅程，並訂下了四個目標。

　　我的第一個目標是因服用抗抑鬱藥物過程後，我的健康狀況好轉，我發現我的欲望（可以説這是一個「神呼召」）是用我30年銀行職業生涯的經歷，寫一些關於在國際銀行業未來格局變化和中國內地在未來一、二十年銀行業的發展。我一直記得John F. Kennedy説，「不要問你的國家能為你做甚麼，要問你能為你的國家做什麼。」考慮到這一點，我觀察21世紀的第一個十年期間發生在香港的三次銀行併購已經有著重要的影響。這三次不約而同的併購包括：

　　（1）2004年完成的工商銀行收購比利時富通在香港的零售和商業銀行業務；（2）2006年完成的中國建設銀行收購美國銀行在香港和澳門的零售和商業銀行業務；（3）2008年完成的中國招商銀行收購本地永隆銀行在香港的銀行業務。這三次併購都與中國擴大其成為一個發達的貿易和全球商業市場經濟而前進有關。香港作為國際金融中心，為中國國有和相關銀行跨境併購一直擔任測試平台以及訓練場。我心想，詳細研究這三次不約而同併購情況，將能夠為中國內地銀行和企業面對全球化的挑戰提供有意義的見解。

　　我的第二個目標是修讀工商管理學博士學位（DBA）。因為我的初步研究，發現在圖書館、書店和互聯網，在兼併和收購的研究

大多數是在西方文化和民族的處境下進行，而在香港或中國大陸類似的研究就仍然非常缺乏。因此我認為，一個嚴謹而深入的研究會能為中國內地銀行和企業「走出去」要面對全球化的挑戰提供貢獻。

但很快我便要發現要做一個嚴謹而深入的研究，我的能力非常有限。我請教母校（香港浸會大學）的教授，他們認為我入讀工商管理學博士學位（DBA）會是正確的途徑。相信經過國際知名的教授提供指導和建議，加上積極發奮地學習，定能使我完成有關的博士論文。

論文「實驗室」

我的第三個目標是需要打消我的負面情緒，因為沮喪情緒和焦慮衰弱使我沒有未來。我認為 Dr. Aaron Beck 的「雞尾酒」方法可以一步一步的指導方式幫助我從抑鬱中恢復過來。我相信透過我的學習慾望，能夠轟轟烈烈的叫停擔憂，並開始從抑鬱症完全恢復，獲得一個未來。我相信，有一天，也許給我幾年時間，我可以證明我的負面情緒通過使用 Dr. Aaron Beck 的「雞尾酒」（即藥物治療和認知治療）可以治愈。

我最後的目標是，2009年全球經濟和金融形勢換血大換位，是雷曼兄弟破產引起全球金融風暴的結果，這將看到一些顯著的收購和兼併是由來自中國大陸的企業和公司發起。這樣的經濟活動預計將在發展中國家和發達國家進行，將成為一個佔主導地位的趨

勢。因此，我如能完成一個嚴謹而深入的研究，將對香港和中國是有益的貢獻。

這四個目標，第一個是重中之重，如果以書面的事實寫作並僅僅專注於學術服務宗旨，論文看起來便會比較平淡和苦澀。不過，我一直很幸運，我可以做更多的事情，遠遠比傳統的閱讀、思考、面試和寫作更重要。由於在讀博士期間，我同時在中國建設銀行（亞洲）繼續作收購和合併工作事宜，所以這樣的實踐經驗自然成為我論文的一個真正的「實驗室」。亦令我更能有效了解員工在合併後的感受、反應和迴響。

隨著我寫作論文，「實驗室」亦成為我更清楚內地相關機構和公司的商業運營和文化，更清楚怎樣從收購合併謀取最大利益的。例如，如何了解銀行總行怎樣任命高級管理人員來香港，這些高管在欣賞自己內地經營文化和習俗的同時，他們又怎樣迅速地擁抱當地（香港）做生意運營和文化以提供市場要求的產品和服務，而不令員工（隨從人員）萎靡不振，以加強自己的權力和慾望。

對此，我亦「欣賞」個別的內地行政高管，能於短時間內將非常內地的存在形式/系統靈活套入於香港的營運。

Quitters never win and winners never quit

在大部份時間，我跟大部份內地高管一同工作時，我感覺自己是一個孤獨的人。可幸，不管怎樣，我想至少我可以做到魯迅在《吶喊自序》所說的「你」：

過去了的一切
會平息

　　「『假如一間鐵屋子，是絕無窗戶而萬難破毀的，裡面有許多熟睡的人們，不久都要悶死了，然而是從昏睡入死滅，並不感到就死的悲哀。現在你大嚷起來，驚起了較為清醒的幾個人，使這不幸的少數者來受無可挽救的臨終的苦楚，你倒以為對得起他們麼？』

　　『然而幾個人既然起來，你不能解決沒有毀壞這鐵屋的希望。』

　　是的，我雖然自有我的確信，然而說到希望，卻是不能抹殺的，因為希望是在於將來，決不能以我之必無的證明，來折服了他之所謂可有，於是我終於答應他也做文章了，這便是最初的一篇《狂人日記》。從此以後，便一發而不可收，每寫些小說模樣的文章，以敷衍朋友們的囑託，積久就有了十餘篇。」

　　當我回顧和評價我的 DBA 的旅程，我很感激有許多教授和導師讓我分享他們的知識和經驗。事實上，DBA 之旅橫跨學術、企業、家庭和社區，比較我從前在商業活動、以前的學校、學院、大學生活更豐盛和實用。在 DBA 旅途中，這些教授和導師都加強了我勇往直前，堅持完成 DBA 課程和論文的決心。我每周分配了30小時在論文調研和寫作上，一共用了4,680小時來完成。這個旅程還讓我回憶起在中學時期一位足球教練的激勵人心的片段：

　　在1974年中學校際冠軍的比賽中，我的球隊上半場落後2：0。在半場休息時間，教練說 "When the going gets tough, the tough gets going … Quitters never win and winners never quit"。最後他說：「孩子們，出去踢你的冠軍，這不過是45分鐘罷了。」當比賽結束的哨聲吹響時，我們成為冠軍！

123

最後最重要的是，這DBA旅程改變了我對學習的看法。就我個人而言，學習對我的成長和發展已成為一種激情、靈感和動機。孔子寫道：「好學近乎智慧；精進修行近於仁；意識到恥辱接近於剛毅。（"To be fond of learning is near to wisdom; to practice with vigor is near to benevolence; and to be conscious of shame is near to fortitude."）」。所以，我在博士論文的第一頁就開宗明義說：

"Why I write this thesis:

Acknowledge the past to brighten the present and to excel in the future.

It's in Christ that we find out who we are and what we are living for.

Long before we first heard of Christ…, he had his eye on us, had designs on us for glorious living, being part of the overall purpose he is working out in everything and everyone.

Ephesian: I:II (Msg)"

進修學習是最有效能去提升自身的靈修及學養的渠道

　　2009開始讀DBA的時候，我最重要的推動力是完成我尊敬的先兄三哥明欽讀博士的心願。因為在他努力拼搏時，由於公務繁忙，他惟有暫且擱置進修博士的計劃，但很可惜，他最後想也想不到自己的生命旅程只有那短短的37年。由始至終，先兄三哥明欽不斷指導我進修學習是最有效提升自身的靈修及學養的渠道，讓學習者有更多的智慧去團結及啟蒙我們的下一代（Y 及 Z 世代）。

　　還記得1963年，我們一家人幸運地獲分配到長沙灣廉租屋邨，居住地方突由雙層鐵架床擴大到300多呎，月租是80元。往後一年，我和先兄三哥考進政府小學，課餘時間，我們一起找工作幫補家計。大哥及二哥見家裡經濟拮据，所以要犧牲小我，小學畢業便輟學到工廠工作。二哥在「華生製衣廠」工作，先兄三哥和我因著他的關係而有機會做非法童工（當時的社會，非法童工是很普遍的）；每當工業處來巡查有沒有童工時，老闆事先都會得到風聲，通知我們一群童工暫避風頭，俗稱「走鬼」。

　　1967至68年間，我和先兄三哥當時讀小學三、四年級，每逢星期六、日、公眾假期及暑假，我倆都到工廠剪線頭和當雜工。我們在工廠大廈的後樓梯級鋪上「雞皮紙」，就地坐下剪線頭，當年剪一打（12條）褲的線頭約有兩毫子；至於雜工就每天約有六元的工資，主要是負責傳遞車衣女工們要車的衣服，因為她們是專責自己某一部份的工序，有我們這些傳遞，她們便不需要花時間離開車衣間而省回不少時間。

我們每天工作大約10小時，記得每日下午4至5時左右，當我們有點兒肚餓的時候，總會有一個小販兩肩各挑起一桶的紅、綠豆沙和麥米粥在後樓梯叫賣。先兄三哥和我每天都掙扎著是否兩人每人一碗或一碗兩份分，因為一碗糖水需要一毫半子，如果每人一碗，我們需要剪多兩打褲才吃到。最終，我們兩兄弟只是買一碗紅、綠豆沙加麥米粥。在這日積月累的日子裡，先兄三哥和我漸漸產生著濃厚非常的兄弟情誼。

上陣不離親兄弟

孩童時性格主軸是剛烈和火爆的

　　工廠裡的老闆娘（洪太）對二哥、先兄三哥和我非常好，可能她也有兩個兒子的關係，也覺得我們非常「懂事、生性」。她的家離工廠不遠，很多時候她都會邀請我們三兄弟去那裡吃午飯。有一天午飯時間，當我們到達她家時，她發現兩個兒子還在睡覺，她便跟他們說：「你們還在睡覺，人家跟你們差不多年紀，已經

上班開了幾小時的工啦！」希望將我們的故事讓她的兩個兒子明白幸福不是必然的。我還記得當天的電視正是在播映著美國太空人登陸月球的新聞。屈指一算，這已是50多年前的事了。　」

　　由於孩童時已經在工廠裡的車衣部門當雜工，使我可以接觸到很多不同年齡和不同性格的女性。6、70年代的社會，車衣女工們的年紀大多是13、4歲至20來歲，而我當時大約12歲，所以我和她們溝通也不是難事。由於當時娛樂種類甚少，看電影已經是主要的娛樂，她們的偶像不外乎陳寶珠、蕭芳芳、薛家燕、雪梨、于素秋……而她們每每都很忠於自己的偶像，有時為了保護自己偶像的形像，可以和對方的「粉絲」熱烈爭論，甚至吵起架來，夾在她們之間也要時刻小心處理，以免一不小心混亂起來，記錯對方的偶像而招致「無妄之災」。

　　有一次，老闆娘突然跟我和一班車衣女工說：「你跟『冰姐』十分合得來，但在年紀方面『冰姐』卻較你年長幾歲，如果不是這樣，你們便很『登對』喇！」我立即對她說：「只要我在思想上長大幾年，而她停留於現在，這樣便沒問題了。」老闆娘說我那麼「鬼馬」，反應夠快，也使「冰姐」沒有那麼尷尬，她立即請我吃了一客大牌檔的牛肉通心粉。

　　孩童時期浸淫在工廠的環境裡，讓我在不知不覺間學懂了不少待人接物、人際關係的技巧，對於大學畢業後踏入社會工作直至現在，應對上有著極大的幫助，尤其是我一直在銀行工作，前線的經理和下屬大部份以女性居多，在與她們相處上也會容易掌

握她們的心態、性情和性格，一同處理事來，自然比較得心應手。

縱使我有軟性的一面，但我孩童時性格主軸是剛烈和火爆的。猶記得有一次，因為三哥剪線頭剪得慢，使我不能夠快些完成工作去玩耍，先是引起一連串的口角，繼而動武，在一怒之下，我用較剪朝他的腳上插下去，害他要到九龍醫院打了三次破傷風針；這次經歷，令我至今難忘，也使我領悟到三哥打不還手，是因為他那時的修養功夫，已非等閒之輩所能及，儘管當時他只是一個小學六年級的學生。

重要的一生——
向我慈愛的父親最後致敬

2011年1月7日，過去五天以來，我和家人深感哀痛，但無奈也要接受現實，那就是我最敬愛的父親由於遭受到肺炎的侵襲而走完了他的一生。父親捍衛了他的信仰，現在是得到了永遠的安息，與他的雙親、兩名幼弟和他的第三兒子在天國重聚了。

下文是我寫給兒子、侄兒、侄女、外甥男、外甥女和兄弟妹的訊息，好讓他們知道他們的祖父、外祖父經歷過的是一個怎麼樣有意義和充實的人生！

· ·

致最親愛的兒子、侄兒、侄女、外甥男和外甥女：

抄送：兄弟妹。

記得在我13歲那年，父親曾對我說過：「在你的一生中最重要的事情不是你認識了多少人，而是當你離世時有多少人會感到那是一個恆久的缺失！」

因著你們年紀還小，你們可能對祖父、外祖父的認識不深，我希望下文能加深你們對他的瞭解。

2011年1月2日傍晚，一位「偉大的」人物溘然長逝了。他熱愛家庭和親友，為孤立無助的人無私奉獻，經常為別人設想，一貫地鍾愛年輕人，而最重要的是恆常地啟發和鼓勵他所有的孩子要靠著自身的才幹、刻苦、勤奮、知識和智慧持續不斷地學習與成長，沿著社會階梯力爭上流。

實在感到很難過，我最敬愛的父親被肺炎擊倒而走完了他的

一生。他捍衛了他的信仰，現在是得到了永遠的安息，與他所愛的人為伴了。父親生於1925年，童年是在漫天戰火中渡過，曾經歷了第二次世界大戰與日本侵華的洗禮。每次當我在看抗日侵華的漫畫書《財叔》之時，父親總是對我說：「我是一個愛國的人。」

他強調自己經常參加抗日活動，並且武裝自己來抵禦。不錯，他肯定是一個愛國的人，因此，我深信在我們兄弟妹心中根深蒂固的民族意識和愛國情懷是源自我們的父親。

第二次世界大戰終於結束了，和平降臨了，父親成家了，轉眼十年間孕育了四個孩子。他在一家貿易公司工作，因而有機會在國內穿州過省地增廣見聞。母親告訴我，儘管父親的工作十分忙碌，他依然「沉溺」於自修，皆因他深信「知識能改變一個人的命運」。

他強調終生學習，而在他的一生之中，他亦是恪守了這個格言；他從前是，現在是，並且會繼續是我們的好榜樣。

他以無數美好的回憶和意識形態來豐富我們的生命

1957年，在中國大陸展開了「百花齊放」運動，最終導致大饑荒，令過千萬人民喪失了性命。在我出生才幾天的時候，父親毅然隻身逃離了潮州汕頭的祖居，奔向香港。抵港後，他在一家茶莊當售貨員。他是一個有責任感的男人，深深的愛護著和照顧著他的家庭。他自己省吃儉用，把絕大部份賺到的工錢都留給他在國內的家庭。接著在1961年，「大躍進」運動以造成大災難告終，數千萬人民成了亡魂。於是，我那堅定無畏的母親帶著我三個兄長和我偷渡抵港。

　　那時候，父親每天要做兩份工作，但他所賺得的錢才僅僅夠供我們一家六口糊口。我們住在一處狹窄的地方，全部六個人擠在一張碌架床上。幸好兩年後，父親申請到了一個在長沙灣由政府補助的300平方呎住屋單位，我們的生活環境才得以顯著的改善。父親在他的親朋戚友中是極少數能讀能寫的人，因此他協助他們去信政府，申請政府廉租居所。他就是這樣能幹的一個人，很多人都尊敬他，而每到節日人們都會送來禮品感謝他。

　　把我們一家在公共屋邨安頓好後，父親便開始建立他的茶葉買賣業務。當時，母親已誕下了兩個弟弟和一個妹妹了。回想我唸小學時候，父親每於周末帶著我們到九龍仔公眾游泳池游泳；及後我們稍長，每個星期日父親會帶我們到大會堂聆聽免費講座，好讓我們增長知識，擴闊視野。他不僅是一個父親，其實他是一位真英雄！他以無數美好的回憶和意識形態來豐富我們的生命。他經常把他的四個原則告訴我們，那就是：

- 第一、 親友的婚宴或彌月宴不是非出席不可的，可是喪禮是絕對必須出席，並且要對孤立無助者馬上施以援手；
- 第二、 我們一定要做一個品格正直的人，堅持自己的信念和原則；不管是甚麼教育水平和職業的人，都要對追求「做正確的事情」的目標毫不動搖；
- 第三、 我們必須量入為出，那就是說：我們永不要向別人借貸；
- 第四、 我們應該堅持終生學習以應對瞬息萬變的世界。

肯定感到自豪而不留半點遺憾

多年以來，父親都是家庭的主力照顧者。他只顧埋首工作，賺取工資維持生計，但就忽略了自己的健康。

令人遺憾的是，他先後在1976年和翌年出現了兩次中風。數月後，父親接受了一個需時12小時的腦部手術，當時我才19歲。我向上帝禱告說：「倘若上帝應許了讓父親多活10年的話，我願意折壽10年。」我是多麼感恩，祂真的有俯聽我的祈求啊！在我心愛的母親不眠不休的關懷和衣不解帶的照顧下，父親的生命終於得以額外地延續了35年。

雖然，我們摯愛父親的離世令我們感到莫大的傷痛，但在跟我們永別前，他給我們留下了三個讓我們十分安心的安排：

（1）回顧多個月前，母親曾經發生了意外弄傷了腰部，我相信那該是上帝的旨意。我記得多個月前，兄弟妹和我經常談及怎樣才可以說服到母親和父親住進同一家護老院。每一次當我們談起那個提議時，母親總是斷然地拒絕，聲言她仍然硬朗和靈巧，有能力自理。她強調自己可以獨立生活，她這樣說只不過是想讓自己可以隨意地跑來跑去。她表示每天早上會乘搭巴士從柴灣到護老院探望父親，然後傍晚回家為自己做飯，這樣她才感到寬慰。她強調著這樣的生活才有意義和充實。

幾個月前的某一個早上，當我們仍在擔心著她的體力和記憶力會衰退時，警察致電給我們說，母親在濕漉漉的街市滑倒了，已經被送到東區醫院去。由於其後的復康過程，她不能自己煮食，迫

於無奈惟有接受安排暫時住進護老院。

到如今我才會懂得這該是上天的旨意，祂聆聽了父親的祈求，把母親帶到護老院來，這樣，父親才能陪伴著母親熟習了周遭的環境，安頓下來。

（2）父親離世翌日的傍晚，我和大哥、妹妹攜同摯愛的母親外出晚膳。曾經有數回她要求我們要到醫院探望老父，因為她覺得丈夫仍然在那裡。我自己則認為母親有這種想法可能是因為她體力和記憶力正加速衰退，可幸父親在世時已經能令母親入住在同一家護老院，令她熟習環境，不會因丈夫遠離塵世而患獨處憂鬱病。

（3）我兒子是唯一能在醫院見到祖父最後一面的孫兒，並隨侍在側送別他老人家往返天家。接著的一夜，清晨三時，兒子跑來安慰我說：「你能以自己10年的生命換取父親延壽35年已經是一個奇蹟了……」。兒子的話鼓舞了我，老父對我們這個大家庭能團結一致，愛意洋溢，肯定感到自豪而不留半點遺憾，安詳離世。

願全知全能的上主垂憐我們，讓祂的手帶領我們克服喪親之痛，並願祂把我們的敬意與讚歌送到我那在天家最敬愛的父親那裡去。

喪禮將於2011年1月23及24日於鰂魚涌香港殯儀館舉行。

明德 泣告

生日快樂！
祝福你有一個甜蜜的15歲！！

2011年10月31日我寫著：

現在，當我一合上眼，便看見你了。

我見到一個15歲時候的我，成長在一個草根社區。我對足球著了迷。我在任何地方任何時間都可以踢足球。我把在1963年建成的長沙灣公共屋邨第1座4樓的100米走廊當作球場，與鄰家小孩們在走廊上大鬧！我在人行道上踢，在街頭踢，在馬路上踢，在花園裡踢，在籃球場踢，在中學時「自恃勢力」，小息、午飯和放學後祇要有蓋運動場不是用作課後活動，我與同學們都強佔著來踢；由於勤踢有功，15歲時已入選了足球和田徑校隊。我常想像自己可以成為香港的一名職業球星。

一個炎夏的午間，我那長年累月目睹我對運動有著無限激情的母親跑來觀看我的區際冠軍賽。我所屬的隊伍輸了，她跟我分析她的看法說：釐清激情與天份是極為重要的。她進一步闡釋說，我可能是有著成為偉大的球星的激情，但我可能沒有天份。我當然不會相信她所說的話，及後我要多花上五年的時間才能全然理解母親是多麼的富有洞察力。因為，為爭取足夠的溫習時間來擊敗97%的同儕，我需要放棄參加學校足球隊，好能爭取到在大學裡佔一個學額。

現在，當我一合上眼，便看見你了。

我染上了嚴重的長期病患，需要服用高劑量的藥物來獲得充足的能量和精力，以便履行我的工作和職業要求，實現我終生學習的願望，愛護我的家庭，享受和朋友共處，關懷我的親戚，貢獻

我的母校浸會大學，聆聽兒子、侄兒、侄女、外甥男、外甥女、教子、教女和學員的説話，在需要的時候提供意見，更要支援弱勢群體 …… 但你永遠不會知道忽地裡你會是怎樣被嚇了一跳的 …… 一星期前，在一個秋風颯颯的晚上，我接到了我少年時的好兄弟的電話，告訴我他祇有三個月的壽命。

現在，當我一合上眼，便看見你了。

我看到一個非常幸運和有福氣的我。上帝仍未呼召我。祂給了我一個健康的身體和思考的能力。祂讓我能與家人、親戚、朋友和社會上各階層的人擁抱每一個甜蜜的時刻。祂不斷的提供機會給我去體驗生命的事工，測試守正、誠實、感恩、恩典的重要性，並且允許我説得出兼能做得到 ── 「過一個有意義的人生」。

現在，當我一合上眼，便看見你了。

我看到自己躺在床上，跟兒子、妻子、兄弟、妹妹、姻親、表兄弟姊妹、知交、朋友、同事、同學、侄兒、侄女、外甥男、外甥女、教子、教女和學員 …… 等低語。

噢，今天是萬聖節前夕，是我兒子的生日，在還來得及的時候，讓我感謝上帝！祈求上主賜給兒子恩寵和智慧。我感謝主賜給我一個仁慈、充滿愛心和令人驚喜的孩子。祝願他能領會所有對他的好意和熱愛，我現在要祝賀他説：「生日快樂！祝福你有一個甜蜜的15歲！！」

你在10個月大時穿上了第一件球衣

我的寶貝兒子，我知道你和好同學和朋友們仍然在某一處地方玩個痛快，不過，你該是可以輕而易舉地用你的智能電話及時看到這段生日祝福的。

祝願你今天生日快樂，有一個甜蜜的15歲！上星期一清早，我駕車送你上學途中，你告訴我說，由於時間有限，你已經決定放棄參加學校籃球隊了。儘管如此，你會在未來的四年內為學校的足球隊作賽。

我讚賞你作了一個明智的決定。

當你七個月大能自己站起來時，你便開始踢足球。你對那些「圓球形」的物體非常感興趣。無論誰人把圓球向你擲過去時，你總會馬上把它踢回去。

上學前幾年，你的房間總是堆滿著大小不一的皮球。你的足球生涯是從家裡開始的，我在你的四周把皮球掉下來，並且教導你踢球不是用腳和腿去踢。踢球是要用腰和腦去踢的！

你在10個月大時穿上了第一件球衣，到跑馬地草地足球場和我的足球隊（騰龍足球隊 – 是新鴻基銀行舊同事組成，成立於80年代初期）參賽。你3歲上學前，每天在家裡練習踢足球。自從上學後，你每季都參加了名叫「大潭老虎」的社區足球隊。

你四歲時，首次參加操練便表現得非常超卓，令到你的教練不禁要問我，為甚麼你會懂得那些優秀的基本功的。教練所說的話給了我莫大的鼓舞，我感到了我堅持不懈地提升你踢球技巧的努力

過去了的一切
會平息

是全然得到了回報。那鼓勵令我一生都陶醉在其中呢！當有些人看到我把一些事情幹得好，而又有另一些人跑來讚賞我時，那就是一種很棒的感覺吧！

每一季你都會為「老虎隊」作賽。當你12歲（唸八年級）時，是在2009年5月15日，一個炎炎夏夜的星期五，「大潭老虎足球會」為顯示整個球季獲得的佳績，在你中學裡的自助餐廳舉行慶功宴。整個傍晚，各個年齡組的教練先後精彩致辭。全晚的高潮就是宣布各年齡組的「本年度最佳球員」得主的時候了。當輪到宣佈U13年齡組時，教練這樣說：「這名球員才剛在一場比賽中擔任前鋒，轉眼30分鐘後，他便已在另一場球賽中擔任防守 ……。

這名球員在早上8時30分時踢U13年齡組的甲隊，接著衝往另一個草地去踢10時30分U13年齡組的乙隊的賽事 ……」

「…得獎者是 D…Ng ！」

媽媽、我和你的表弟Jon-jon 都為你的優秀表現喝采。我依然記得你當時的回應是：「我非常高興獲得這個獎座。儘管今夜的歡娛很快成為過去。我會依然延續我的特性，努力的向著標竿跑去。」

綜觀過去15年，你的球技每年都愈來愈見進步。你可能已經忘記了這些了。在你5歲至9歲時，即2002——2005年期間，你愛上了當前鋒衝刺。你喜歡別人稱你為「曼聯的雲尼斯杜萊」。然後，受到2006年世界盃那些神乎其技的球賽的密集衝擊，你轉換了口味，喜歡上施丹。最近數年，由於施丹掛靴了，你說你希望自己

能像史提芬●謝拉特一樣的踢法，擔任中場，表現都要像他。這個長篇的足球故事正好塑造了今天的你。

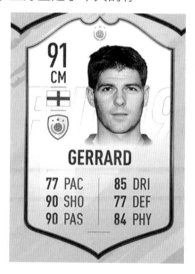

近期市面上有很多討論，談及要給孩子有自尊。其實，自尊也不是你説給便能給的東西，自尊是由孩子親自去建立的。我相信只有一個辦法能教會孩子怎樣去發展它，那就是：你給孩子一些他們做不到的任務，然後放手讓他們盡其所能去完成，直至有一天，他們發現：原來自己是能做得到的為止。期間，你祇需要不斷地重複這過程便是。

過去了的一切
會平息

　　我從一個十來歲的少年人起，便開始對任何有組織隊伍的運動感興趣 —— 如英式足球、籃球、排球、美式足球、欖球、棒球，任何一類 —— 對我來說，我並不是非得要學習那種運動的繁雜難懂之處不可。我真真正正從它們之中學得有些東西是更為重要，就是：團隊精神、堅持不懈、體育精神、辛勞的意義和逆境自強。

　　你也許會記得，我曾經告訴過你，在我所經歷的45年足球之旅中，我從我所參加的超過2,000場的賽事中獲益良多。這些賽事在我的思想、善良、信念和良知的發展中佔有很重要的一席位。它們不僅給我帶來了無窮的歡樂，還有的是實踐甚麼是領導才能、團隊精神、溝通技巧、協調力量、貫徹始終和堅持不懈試驗不同的機會。我也學懂了任何運動隊伍都不可能單靠一人之力而生存的。

　　縱使是球技精湛的球星如美斯、施丹、米高‧佐敦、勒邦‧占士或高比‧拜仁也是需要強勁的隊友的支援的 —— 而表明他們是真正的領袖的證據就是：當那些其他的支援球員與美斯、施丹、佐敦、勒邦‧占士或高比一起作賽時，他們的表現遠比與其他寂寂無名之輩在他們周遭作賽時為佳。

　　我最疼愛的兒子，我希望你能把從踢足球中領會到的個人特質，轉化至你的教育和事業發展上。儘管我認為從書本上與從學習得來的知識，是發展思想與意念的過程中重要的一環，但那並不是指那些父母把他們送到一所特別令人讚歎的大學的某些人，跟那些以自身的機智和人生閱歷來積累他的知識的某些人，是同樣的令人印象深刻的。

因此，你應該要感恩上帝把兩條途徑都賜給了你。誠如我經常告訴你一樣，好人是會為一個既利他兼利己的出發點而行事的。利他的部分來自你在幫助別人的感覺和你的才華是用來幹好事的。那正是你如何選擇在特定的星期六幹你的義務工作的原因。第二部分是，特別是一個身在福中的孩子 —— 總有一種激情想幹點能令別人留意及尊敬的重要的事情，好比你在幹義務工作時去教導弱勢群體的孩子英語一樣。爸爸渴望讓你理解這兩個誘因是多麼的重要啊！

一個真正的領袖一定要信任你的隊友

今年1月初，你的祖父RIP。我想藉這機會跟你更詳細地談談，祖父是怎樣經常地幫助別人，為鄰居找工作或陪同親戚往醫院治病。儘管我的雙親並不是基督徒，但他倆對於上天的話語感受至深，那就是經過施予他人來體會天父的恩典。我希望你能在你的整個生命之旅中肩負著這個承諾。

從這裡開始，我希望跟你談論過去一年我注意到的一些好事來。第一，我見到有一次你懂得運用自己的智慧來滿足社會上不同階層的人的需要。重點是不必改動你的訊息來遷就你的聽眾，而是要以他們懂得的方式把訊息帶出來。那目標該是要確保你的訊息盡可能響亮地、清晰地傳遞到不同階層的人那裡去。

第二，我注意到你擁有一些良好的元素，主要是包括你在要求他人執行某些工作時的正確態度和堅持。倘若你也能夠做那些為

你工作的人所做的,並且是他們當中的表表者所為的,那麼你的領導能力會因而大大地增強。那樣說並不表示你要在每一件事情上都要表現得最優秀。在一個複雜和急劇轉變的社會,又鑑於這世界現在是被視為扁平的,那不僅是不可能,也是不理想。事實上,一個真正的領袖一定要信任替你工作的隊友。

　　去年,你出席了好幾個喪禮。我希望你能在你的一生中常常記著,出席喪禮不光是對人們表示他們的摯愛是何等的受尊重,而且是有反射的效果,同時亦突出在生者的重要。這是我從父親身上學懂的一堂課,他清晰地顯示當人們最需要他的時候,他必會伸出援手的。當我是一個小孩的時候,他常帶著我去守夜和出席喪禮,而我意識到父親的盡力出席對我們的親戚朋友來說意義是多麼重大啊!父親要求我記著:「是否需要出席婚禮是可以斟酌的,但喪禮是必須出席的。」

　　我知道你現在仍然和好同學和朋友們在某一處地方玩個痛快,不過,你該是可以輕而易舉地用你的智能電話及時看到這段生日祝福的。

愛你的
爸爸

生日快樂！
祝福你有一個甜蜜的16歲！！

　　2012年10月29日我寫著：「我的寶貝兒子：早安！你摯愛的媽媽和我滿懷感恩地祝福你有一個快樂、奇妙和甜蜜的生日！願上主護佑你擁有健康，幸運和富足！

『今夜是我所期待的一夜，
因為你再也不是一個小男孩了，
你變成了我見過的最機靈的小伙子。
生日快樂！祝福你有一個甜蜜的16歲！！
那可愛的面容怎麼了？
我的年輕人現今穿起襯衣和襯褲來了，
我簡直是不能相信自己的眼睛，你正正就是一個年輕人的夢想。
生日快樂！祝福你有一個甜蜜的16歲！！
你6歲的時候，挺著一個大肚子，
然後到你10歲了，你看起來像極了碧咸（Beckham），
當你13歲的時候，你變成了高比‧拜仁（Kobe Bryant），
但自從你長大以後，你的未來已經敲定了，
因此，倘若我該驚喜甜笑的話，
那只因為你在我的眼皮底下已成長了，
你變成我所見過的最機靈的年輕人了！
生日快樂！祝福你有一個甜蜜的16歲！！
沙 啦 啦 啦 啦 啦 啦 啦，
生日快樂！祝福你有一個甜蜜的16歲！！

過去了的一切
會平息

沙 啦 啦 啦 啦 啦 啦 啦 啦，
生日快樂！祝福你有一個甜蜜的16歲！！
沙 啦 啦 啦 啦 啦 啦 啦 啦，
生日快樂！祝福你有一個甜蜜的16歲！！』

（原唱者：尼爾‧戴雅門 (Neil Diamond)
作曲：尼爾‧西達卡 (Neil Sedaka) ／
侯活‧格林菲爾德 (Howard Greenfield)
中文曲辭改編：吳明德）

爸爸媽媽亦祝願你

「適逢今天是你的大日子，爸爸媽媽想藉此機會感謝你在過去的366日裡，在學術、社交和運動上都締造了傑出的成就和長足的進步。

在學業上，得力於你一直以來的貫徹始終、孜孜不倦、竭盡心力和堅定不移的特質，連續三年你都能拿到了『最高榮譽』。我們極有信心優異的成績會接踵而來。

在社交上，我們非常欣慰地看到了你已制訂出好辦法來處理艱鉅和富挑戰的工作，那就是你能：

(a) 誠懇地聆聽別人的意見；

(b) 訂立一個切實可行和合理的行動方案；

(c) 把方案付諸行動；

(d) 享受其中過程；

(e) 準備好接受下一回合的挑戰；和

(f) 重新微調回饋策略。

在運動上，這一年你把在學校的足球隊裡的表現總結得非常成功。我們知道在新學期裡裡，你會把時間和精力集中於爭取加入學校的籃球隊上，而選拔隊員的活動會在你生日過後即將展開。我們對你有信心！你肯定能中選！具體來說，你迅速和堅實的技巧、如『直升機般的眼睛』、敏捷的反應和別出心裁的特質都能令你在擔當關鍵隊員時游刃有餘。過去一年，你在一個主要的技巧上進步神速，那就是你能經常集中於『把球傳向預計你的隊友快要到達的

位置，而不是他一直都守著不動的位置』。如果你能把這遠見和深藏的靈感傳達給你的隊友的話，這肯定能有助於把你球隊的成就提升至一個更高的標準。我的寶貝兒子，繼續這些精彩的表演吧！

爸爸媽媽亦祝願你能：

1. 擁有一個奇妙的人生。你那氣質獨特的媽媽和樸實的爸爸除了能給你愛護、關懷、體諒和鍾愛之外，別的沒能給你了；

2. 終身贏得一群優雅得體的至親、知交真正的友誼，好讓你們能一起歡笑、擁抱、爭辯、理論、吃、喝、玩、樂、同享、同遊和經歷所有的事情；

3. 享受你接受到的優質教育，因為它能啟迪你多學習，多瞭解和多體會；

4. 體驗所有崇高的、令人難以忘懷的美好事物；

5. 珍惜每一天，盡量從中得到最大的裨益和善用它；

6. 領略這世界能循環不息皆出於人們的願意付出；

7. 理解生命的美好和奧秘是有賴於你付出了甚麼，而不是你收穫了甚麼，因為能否收穫全憑天意，而付出卻源自本心；

8. 每天感恩上帝，因為你是多麼的幸運！這正是為甚麼爸爸媽媽經常提醒你把你所擁有的知識、經驗和智慧傳授給那些一直以來沒有你那麼幸運的人；

9. 盡早識別益友與損友。我希望能把我領略到的具備良好品格的人的特徵與屬性告訴你，好能對你有所幫助。他們會是：
   對比他弱小的人仁愛；

對比他貧窮的人慷慨；

懂得感恩；

樂觀看待負面的事情；

願意接受轉變；

凡事想想『怎麼樣』而不是『甚麼』；

凡事問問『為甚麼』而不是『甚麼』；

不崇尚物質；

思而後行；

在別人沮喪的時候伴他同行；

面對逆境時保持冷靜、積極，甚或微笑；

活在當下；

必定守時；和

不會忘記說一聲『謝謝』。

10. 淺嚐『早戀』。無論你愛甚麼人『愛得多麼的深』，切記在現實中並沒有天長地久、偉大的愛情那回事的。我們只有一首動聽的，名為《至高無上的愛》的歌曲，而我的經驗顯示，超過百分之九十的戀愛關係是建基於『一見鍾情』，接著發生的就好像『產品生命周期』理論的延伸，亦即：『介紹期』、『成長期』、『成熟期』和『衰退期』。為了讓你容易點理解，我會用你熟悉的產品來作比喻：

介紹期 - 衛星電話

成長期 - 智能電話

成熟期 - 移動電話

衰退期 - 家居電話

因此，倘若有一天你與愛人鬧翻了，務必要保持冷靜，忍耐和積極，就猶如『舊的』不去，『新的』不來一般。縱使你的情緒是很低落，切記相信時間是會日復一日的洗擦傷痛的。簡而言之，切勿過度看重戀愛的『歡愉』，亦不要誇大分手的『憂傷』。

感謝上主賜給你良好的品格和那麼多優良的特質，讓你能理解以『做好些（better）、做多些（more）、做不同（different）和做少些（less）』才合適的方法來處事。在那方面，媽媽和我虧欠了上帝太多了。祇有在你能善用自己的優點、知識、能力和仁愛來幫助有需要的人，然後我們才能回報上帝那麼的一丁點 ……。

我的寶貝兒子，生命真的是很短暫的。如果你能盡早領略生命的寶貴，你會渴望去幫助那些沒有你那麼幸運的、生活困苦的人。正因如此，你會理解怎樣才能迅速地把自己裝備起來，成為對社會有用的人和過一個有意義的人生。』

愛你的
爸爸

Chapter Four

找到心底夢想
的世界

資源管理（第一節）
那些年，在你眼中的蘋果

「從經驗中學習固然是有智慧，但能從別人的經驗中學習則更有智慧。」《標竿人生》（*The Purpose Driven Life*），華理克（*Rick Warren*）著（*2003*）。

本著以上信念，香港浸會大學校友會（「校友會」）於2011年中創辦了導師計劃，由一群在工作、家庭、教育和不同工作崗位上既擁有豐富經驗又充滿熱誠的校友發起和贊助的。個別校友獲指派前往協助配對剛畢業或快將畢業的同學，以便探討或評估他們在面對急劇多變的商業和社會形勢時的競爭優勢、強項和機智；並關懷他們與發揮指導員的角色。

導師計劃的使命是協助剛畢業或快將畢業的年輕校友裝備自己以迎接未來。導師計劃的目的是致力於：

（1）在學生、校友和大學之間建立緊密的凝聚力；

（2）為持續發展的目的結合學生的思想與精神；

（3）延續和傳揚愛心與關懷；

（4）交流商業與社會的經驗，不論是成功的或失敗的；及

（5）增強各利益攸關方對大學的忠誠。

導師計劃中的一項重要活動就是每季舉辦一次的事業發展工作坊。2012年1月7日（星期六），我是第三回獲邀領導同類型的工作。主題是：《資源管理　那些年，在你眼中的蘋果》。

經營有道的要訣在於能物色、分配與善用有關的「資源」。有形的資源（即硬件），比如：貨品、財務資源與人力資源。

　　無形的資源（即軟件）是植根在人力資源深處的，比如：個人的知識、智力與技能，而知識、智力與技能可以從教育、經驗、實踐和期望的過程當中獲得。隨著時日的推移它們都是與公司和外間世界一起成長的。

　　一家公司的特質是受到個人的知識、智力與技能相互間的影響形成，而一整套令人讚歎的特質是包含有文化、願景、使命與核心價值各方面的；因此，一家擁有著那些令人讚歎的特質的公司定能以具策略優勢的裝備領導同儕。

　　「管理」的定義就是以最有效能和高效率的方式運用公司資源的過程。一般來説，管理的過程就是關於獲得最合適的資源，包括有形的和無形的；然後把它們應用在實務上；轉移、取得和擴大應用它們在外間的地平線上（比如在湛藍的海洋）。

資源管理（第二節）
那些年，六個蘋果團隊的由來

「沒有最強的人便沒有最強的團隊，沒有最強的團隊信念和堅持亦沒有最優秀的個人表現。」（佚名）

2011年9月中，我收到一個由「香港浸會大學校友會」發出的電郵，邀請我主持一個在2012年1月7日舉行的「資源管理（Resources Management）」工作坊，藉此幫助浸會大學的新畢業同學裝備一些重要的「資源」，讓他們能在未來職業發展的路途上，有一個比較好的開始。得悉這個「重任」後，我開始籌劃工作坊的內容。

想起自己在浸會大學最近數年都一直輔導不同學系的畢業同學，而他們在畢業前也正正面對著在畢業初期同一個疑問 「關於如何在職業的『分岔路口』上作一個恰當的選擇？」於是，我便邀請了四位剛畢業了數月及兩位將會在今年初夏畢業的學弟妹們（Bxxxxa，Abxx，Wxxxxs，Wxxxn，Cxxxy 和 Yx），組成一隊「APPLES SIX Team」，一同合力策劃是次工作坊的主題和內容。

「APPLES SIX Team」一直發揮團隊精神，對工作坊的主題、內容和流程不斷進行討論和改進，經過九個星期的努力，我們樂見在舉行工作坊之前的一星期完成所有的準備。

2012年1月7日下午2時30分，到了工作坊正式舉行的時刻了。開始時我和「APPLES SIX Team」先來一個熱身，逐一自我介紹，隨即鼓勵同學們互動去完成下列的填充題：

「利用＿＿限的＿＿ ＿＿資源，創造＿＿限的＿＿ ＿＿資源。」

　　填充題最後由四位師弟妹分別答對。隨即，我點題：

　　這兩句詞句，正正就是今次工作坊的主旨：「利用有限的現有資源，創造無限的將來資源。」

　　要達到上述的主旨，特別在職場上，就要透過有效的「資源管理（Resources Management）」方法。而在管理過程中，有六大要素都是主宰著整個管理方法的成敗得失。為了讓各同學們容易明瞭及應用，我們將這六大要素連繫著時下一個最潮的 logo「Apple」Logo，而整個工作坊，我們亦藉著2011年第四季最流行的一組潮語：「那些年」，結合六個要素把工作坊的主題及內容融會貫通起來，逐步演繹。

資源管理（第三節）
那些年，六個蘋果之第一個
信念（FAITH）

「我們以為誘惑是在我們四周，但神說它發自我們內心。」
（《標竿人生》（The Purpose Driven Life），華理克（Rick Warren）
著，2003）

　　Bxxxxa：「很高興這次能夠與導師Victor 以及其他六位優秀的組員合作！從籌建『蘋果家庭』到成功完成工作坊，雖然用了約10星期的時間來準備，卻換來了一次開心且難忘的經歷！

　　還記得『蘋果家庭』成立之初，大家第一次午餐聚會時，Victor首先用一個問題帶動了大家的發言興趣。他問道．『作為剛剛畢業或者即將畢業的同學，你們覺得這個《Resource Management》Workshop 同學有興趣知道甚麼呢？』大家都站在自己的角度，你一言我一語講出許多觀點。過了大約個多小時的討論，才發覺原來這個話題包含了豐富的內容。如何將這麼多的內容濃縮在兩個半小時的工作坊裡盡情表達呢？

　　『不如我們用一些蘋果來做比喻好嗎？』Victor 引導説。（原來Victor 早有準備！）

　　大家聽到這個意見，都意會地點頭。其實，『蘋果』這個詞語在我們的日常生活中，已佔據了頗重要的地位。況且，用生動的實物來解釋抽象的概念，確實更能夠令同學、聽眾們容易明白和理解。

　　『甚麼時候世界上出現了第一個蘋果呢？』Victor 問。有組員

迅速地回答：『亞當和夏娃的蘋果。』作為基督徒，我幸運地被Victor安排負責準備『第一個蘋果』的內容。如何將這個伊甸園裡的蘋果與《Resource Management》聯繫起來呢？與導師及隊友反覆探討後，我們決定將這個蘋果命名為『Faith』（信念）。

相信大家都對『亞當與夏娃』的故事有所認識。雖然上帝叮囑亞當夏娃不要吃那顆樹上的果子，夏娃仍然中了狡猾蛇的引誘，結果兩人都被逐出了伊甸園。有人認為錯在夏娃，她聽信了蛇的引誘，還連累了亞當；有人認為錯在蛇，它的引誘令夏娃難以抗拒。這兩種觀點都沒有錯。不過歸根究底，是夏娃把持不定內心的信念，因而導致了難以挽回的後果。

信念的確是我們人生中一種寶貴的資源，一旦失去它，我們就會迷失方向，甚至以身犯險難以挽回錯誤！

在工作坊中Victor以2008年自己在銀行領導前綫團隊銷售投資產品的親身經歷為例，生動地講述了上司和同事是如何堅持信念，最終沒有像大多數香港的銀行同業們而推銷雷曼迷你債券。其實，大至企業政府決策，小至個人的決定，我們都需要憑著自己的信念，而不能盲目地跟隨大眾或受利益驅使。信念就像指南針、燈塔，憑藉它，無論有多大的風浪，我們也不必擔心偏離方向。

在這樣一個多媒體的社會裡，不同的聲音充斥了我們的生活。對於亞當和夏娃來說，他們面臨的僅僅是一條蛇的引誘，而我們現實生活，特別在職場上，我們每天都面對難以數算且更加包裝華麗的引誘。可見，現今信念這個資源更是重中之重！

既然如此，要如何才能得到信念這種資源呢？其實也不是甚麼大困難。它或許是你在課堂上學習到的最樸實的人生哲理，也或許是長輩語重心長的勸導：「一分耕耘，一分收穫」、「施比受更有福」、「Doing The Right Thing」、「貪字得個貧」等等。信念不在於多少，重要的是如何堅守它，不要讓波濤洶湧的誘惑將樸實無華的信念淹沒。

　　最後，我想用Beyond樂隊的一首好歌《堅持信念》來結尾：
「一生中可擁有幾多，
人人期望一剎可擁有最多。
只想抓緊一瞬光輝，
隨時隨地甘於走險錯也可。
日夜夢想怎可富強，
為著利益跟風轉，
絕未料到他朝變成禍。
一生匆匆得到幾多，
誰能明白知足可擁有最多。
一失足的找錯理想，
隨時隨地失去比擁有更多。
若是面對種種誘惑，盡力用信心抵抗，
用實力去爭取勝利。
堅持信念，迎接挑戰，只向前永不倦。
緊握信念，劃破黑暗，真摯誠會更光。」

資源管理（第四節）
那些年，六個蘋果之第二個
探索（EXPLORATION）

「不嘗試，你永遠不知道自己擅長甚麼。」（《標竿人生》(The Purpose Driven Life)，華理克著（Rick Warren），2003年）

AbXX 說：

「這是一個在人類科學史上有深遠意義的故事。有一天，牛頓坐在一棵蘋果樹下看書。突然，一個熟透了的蘋果掉了下來，砸在他的頭上。他小心地拾起那個蘋果，仔細地觀察了起來，可是看了半天也沒看出個甚麼名堂。正當他打算繼續看書時，一個問題漸漸控制了他的思想，他已無法繼續認真地看書。

蘋果？一個蘋果？會掉下來？為甚麼不往天上掉呢？蘋果能不能像月球一樣繞著地球轉？月球會不會像蘋果一樣掉下來？為甚麼蘋果總是垂直落向地面呢？為甚麼蘋果不向外側或向上運動，而總是向著地球中心運動呢？牛頓從蘋果這個例子又令他聯想起其他的一些例子：人為甚麼在地上走而不在天上走？溪水為甚麼往山下流而不往山上流？還有……

於是，牛頓開始了他的探索旅程。牛頓去圖書館查資料，去問在果園工作的老人，去請教科學家……但是，一無所獲。但他沒有放棄，反而被好奇心激起的探索旅程已經無法停下來了！他開始嘗試做實驗，每做一次就分析一次，記錄一次結果，並開始推算公式。經過成千上萬次失敗。終於在某一天，牛頓頓悟了！他的研究引證了一個重要的定則和一個關鍵性的公式。這就是現在為世界

所知的「萬有引力」定律。

　　雖然這是一個簡單的故事，就像一個蘋果般這麼簡單，但因它而生的一切，卻改變了人類思考和生活的方式。而這一切皆源於對一個蘋果的好奇心。」

　　Victor 亦隨即分享他在畢業後，初到銀行做見習生的經驗。他最多常問自己的問題，就是：「Why me ？」

　　1981年九月中旬，Victor 和另外19位見習生獲得一家銀行的取錄，開始了他的銀行職業生涯。剛過了首半年，Victor 其時任職於一個Corporate Finance 的部門，這個部門主管每天大約在

5:45就叫Victor進房間，丟給他一堆文件，說因為要去開會，就請Victor把文件裡的事情作初步分析和處理，待明天一早給他。當時Victor很不情願，覺得主管佔用他的工餘活動時間，阻礙他的社交生活，所以每次Victor都不悅的自問Why me？為甚麼又是我？為甚麼其他的19個見習生的部門主管沒有這些要求，只有Victor這位領導人是個例外？

雖然懷著這樣和那樣的Why me？ Victor每次都堅持做著。3年後，Victor找到答案了，他比起其他見習生們早一步擢升到了助理經理的位置。原來他的主管每天留他下來多做一些事就是用來特別訓練他，他每天比別人多做兩個小時，積少成多，工作3年就等於別人工作4年，這樣在職業道路上比別人走得更快更遠，也就是自然而然的事情了。

Victor更回顧說，在工作中，不僅要多問Why me，還要多問為甚麼事情是這個樣子。例如，當有顧客有查詢時，不要回答因為公司政策是這樣規定的，就打發了顧客。其實顧客希望你幫他解決問題，而非想得到一個敷衍了事的答案。所以，凡事要多從事情的源頭考慮，才能找到恰當的解決辦法。最後，Victor分享他在39年的銀行經驗中，當然曾經遇上無數難題，但他都會用在見習生時期學得的座右銘去解決：「不說不可以，只說怎樣才可以（Don't say "No"! Just say "How"!）。」

資源管理（第五節）
那些年，六個蘋果之第三個
廉正誠實（INTEGRITY）

「觀操守在利害時，觀存養在紛華時」（《觀操守》佚名）

Wxxxxs 說：

「關於華盛頓砍樹的故事，是一個大家耳熟能詳的誠實典範。故事中有個小男孩叫喬治 • 華盛頓。在華盛頓的家中有一座很大的果園。每到收穫的季節，一顆顆碩大的蘋果、一簇簇紅色的櫻桃垂掛在綠葉叢中，真是逗人喜愛。一天，華盛頓到果園裡玩耍，玩著玩著，突然他想到：『父親能用斧子砍倒大樹，我能不能拿斧子砍小樹枝呢？』

於是，華盛頓拿起爸爸買來的新斧子，用它削小草、砍樹枝，玩得好不開心！正巧，在他的前面有一棵小樹，於是華盛頓跑上前，提起斧子就向小樹砍下去，一下，兩下……小樹終於倒下了。

黃昏時分，父親來到果園，見到果園被弄得亂七八糟，同時，他看見自己十分喜愛的那棵小樹也被砍倒了，非常生氣。父親怒氣沖沖地走進屋子裡，大聲問道：『誰把我的樹砍倒了？』這時華盛頓知道自己闖了禍，內心十分害怕。他猶豫了一會，然後抬起頭看著父親，態度誠懇地說：『父親，是我一時貪玩用斧子把樹砍倒的。』父親雖然憤怒得很，但是沒有責怪華盛頓，反而欣賞他的誠實、勇於承認錯誤的行為而原諒了他。後來，這位華盛頓成為了歷史上的第一任美國總統。華盛頓的故事引出了一詞 （Integrity）。

Victor 接著說：「以前，我們把銀行行政人員稱作銀行家（Banker）；最近，有些報章上的專欄作家則戲稱"Banker"為"Ban-

ster"。"Banker" 的『er』讀作是『ster』,而『ster』是由『Gan-ster』而來的,意思是現在的銀行家被喻為『Gangster』這一類。不管從前或現在,對於別人的批評,我們都應該做好自己的本份。在銀行工作,就是要有integrity。

Wxxxxs 繼續説:

「Victor 畢業入銀行工作4年後第一次轉工,轉到一家外資銀行(SCB)當 Commercial Officer,負責商業貿易的貸款。在某一個春節中,他到一位客戶的公司拜年,離開的時候,突然,客戶公司老闆給了Victor 一封『利是』。回到公司,Victor 把利是拆開 —— 嘩!是港幣10,000元。」

心想:『發達了!』。當時Victor 一個月的薪金只是港幣10,880元,已比較1981年做Management Trainee(見習生)時的薪金港幣2,500元多三倍。Victor 手上突然多了一個月薪金(港幣10,000元),應如何是好呢?想呀想,其實Victor 內心早有打算,要想一個好的方法去處理。

方法一,退回『利是』。不行,中國人的風俗退回『利是』給那老闆是不吉利和『唔畀面』的意思,萬一他將來生意有甚麼不順利的話,豈不是Victor 像拿了他的彩頭?

於是Victor 去請教他的三哥明欽,哥哥指導Victor 方法二,就是以那老闆公司的名義把這筆錢捐到公益金。幾天後,給『利是』的那位客戶致電Victor,告訴Victor 他有港幣三億元存款在另一家外資銀行一段長時間了,但卻覺得它的服務不夠全面,有意將那筆存款轉到Victor

工作的銀行。Victor 連忙稱謝，並回應客戶説：『三億元中，先過戶一億元就可以了。』

　　為甚麼只要一億元而非全數呢？因為Victor是剛到新銀行工作的，如果一時間就有三億元的存款來自一家公司，容易招人嫉妒，會影響了與同事之間的和諧關係。所以Victor 選擇了將這筆存款逐步過戶是一個比較穩妥的做法。接著Victor 再引用另一類似的經歷，故事發生在10年後的1996年，Victor 已轉到美國銀行工作。一天早上，他在辦公室拆開一封私人信件，發現有一張寄自柴灣浸信會教堂的捐款收據，説明是收到捐款港幣50,000元，可作免税之用。他心裡想：『是怎麼一回事呢？我並未有捐過港幣50,000元啊？』

　　想著想著，他後來想起來了。在1996年，樓市十分蓬勃，幾乎是買到樓宇的人都賺到錢。當時Victor 負責銀行的樓宇按揭部門，當中有不少私人投資者因買賣物業而致富，曾經有幾位投資者賺了很多錢，而又對Victor 曾經説過，希望可以送一些東西感謝Victor 的投資指導，但都被Victor 婉拒。

　　Victor 想起其中有位客戶曾經提過會為他做一些積福的事，他亦知道柴灣浸信會的朱牧師是位在民主道路上令人尊敬的領袖，他是Victor 的摯友。在1996年夏天的一次山泥傾瀉之後，教堂背後的整道護土牆坍塌了下來，重建需要籌款大概港幣10,000,000元。客戶知道這件事情後，便以Victor 的名義把善款捐到柴灣浸信會，所以Victor 便收到該收據。現在，收據仍放在Victor 公司的抽屜裡，並沒有提交税務局免税。雖然現在Victor 仍然與這位善長朋友常有敘會，但他打算到退休時，才再鄭重向善長致謝。

資源管理（第六節）
那些年，六個蘋果之第四個
創造力（INGENUITY）

「不嘗試，你永遠不知道自己擅長些甚麼。」（《標竿人生》（The Purpose Driven Life），華理克（Rick Warren）著，2003年）

Wxxxxn 説：

　　「第四個『蘋果』較之前三個『蘋果』特別，因為『她』是由多種元素組成的。首先，『她』的最『基本元素』，包括錄影機、收音機、攝影機和電話。再加上其他功能，例如：網絡、遊戲和高錕等。沒錯，這個『蘋果』就是大家耳熟能詳、差不多每刻都會接觸到的史蒂芬 ● 保羅 ● 喬布斯（Steven Paul Jobs, 1955年——2011年）所設計的iPhone及iPad了。不過，每當我們使用蘋果產品的時候，有否想過喬布斯是用了甚麼『資源』來設計這科技產品的呢？」

Wxxxxn 繼續説：

　　「創造力（Ingenuity）　喬布斯就是用了這種『資源』，也就是我今天要説的第四個『蘋果』，而她是由兩種『輔助元素』組成的。

　　第一種輔助元素是『堅毅的精神』。自2003年起至2011年，喬布斯與癌病拼鬥了8年。不過，身患重病的他不但不負眾望，每次都出席了iPhone 和iPad 更新產品發佈會，到生命的最後數月，他仍堅持參予iPhone 4S 的研發，把蘋果品牌推至高峰。蘋果產品能有今天的成就，實有賴喬布斯不屈不撓的精神，堅持實踐自己的意念所致。

第二種輔助元素是『無私的精神』。高錕被譽為『光纖之父』是因為其纖維光學研發的成就，更成為2010年的諾貝爾得獎者。高錕不但沒有為自己的研究申請專利，反而把自己的研究與世人共享，推動全球利用光纖維來通訊的研發工作，這更間接加速了傳訊科技產品的發展和應用。所以，沒有高錕無私的精神，即使蘋果產品再怎樣開發得更好，它在市場上亦不能有這樣空前絕後的成就。

因此，要實踐創造力（Ingenuity），除了基本元素外，最重要的還需要堅毅的精神及無私的精神這兩種輔助元素的協助。話說回來，究竟喬布斯的創造力（Ingenuity）與畢業生的職業發展有著怎麼樣的關係呢？

Wxxxxn 繼續說：

「高錕不但沒有為自己的研究申請專利，反而把自己的研究與世界同人分享，推動全球利用光纖維來通訊的研發工作，這更間接加速了傳訊科技產品的發展和應用。所以，沒有高錕的無私的精神，即使蘋果產品再怎樣發展得更好，蘋果產品在市場上亦不能有這樣空前絕後的發展。因此，要實行『Ingenuity』，除了基本元素外，最重要的還需要『堅毅的精神』及『無私的精神』這兩種輔助元素協助。不過，究竟喬布斯的Ingenuity 與畢業生的職業發展存在著甚麼關係？

在工作坊中，Victor 說：『從上述的例子，我看到了創造力在過去20年改變世界的重要性。當然銀行業亦受到它的深遠影響。』

Victor 初到銀行工作時，銀行提供的
服務是分層負責的，即是每一個部
門每一位職員都只是專責一種工作，
例如存款及貸款服務會分由兩個部
門或職員負責。現在，一個部門甚
或是一位職員，都能提供多元服務，
例如：能為客戶們同時處理存款、
貸款、股票買賣等事務。因此，現在每一位銀行從業員，實在需要
懂得多元的金融知識，不能光靠專長於某一個範疇的事務。畢業生
亦要學習不同的知識，提升自己的能力。

　　在過去10年，喬布斯透過他的創造力將iPhone 或iPad 發展成
為領導世界的電訊產品，改變了世人生活上的習慣及潮流，影響至
極。同樣，畢業生要在職業發展路上取得成功，亦需要透過創造
力把自己裝備起來，成為一部在職場上具潛力和競爭力的多功能
iPhone 或iPad。

　　當然，要達致成功的路途是十分漫長的，故畢業生亦需要擁
有堅毅的精神，不要中途放棄，堅持不斷學習；再者，我們生活在
群體當中是需要相互依賴而存在的，所以彼此之間亦應以無私的精
神互相扶持對方，才能有效地將創造力這種資源善用得淋漓盡致，
成為一部在職場上和市場上具潛力的iPhone 或iPad。」

資源管理（第七節）
那些年，六個蘋果之第五個
靈巧性（AGILITY）

「人事該以人為主，事為副，非有人生，何來人事。」（錢穆）

Cxxxy 說：「大家可能還記得在中學時閱讀過一本經典故事書《湯姆歷險記》，內裡有以下描述靈巧性（Agility）的一幕：頑皮的湯姆常常做錯事令祖母生氣。有一次他與鄰居小孩打架，被祖母懲罰去髹畢整道花園的圍欄。對貪玩的湯姆來說，這是非常殘酷的懲罰，因為他將會失去一整天跟鄰居好友們玩樂的機會。

他帶著一個大油漆桶走到圍欄前，努力思索著怎樣才可讓自己脫身的好辦法。這時，剛好約翰走過來，看見湯姆的情況便開始取笑他。『湯姆，你又被祖母懲罰了？真可憐啊！不能跟我們去玩了。』湯姆反問約翰覺得這可算是懲罰嗎？又說若算是懲罰，有人會顯得這般享受嗎？說畢湯姆繼續悠然自得地像個藝術家般髹著圍欄，懶得理會約翰。

約翰看著看著似看得出神，漸漸地，開始相信覺得這不像懲罰，反倒像一個賞賜，並開始央求湯姆讓他試試。湯姆起初假裝著不願意讓約翰嘗試，推說祖母要求極高，丁點兒瑕疵也不能接受。在約翰苦苦哀求下，湯姆才勉為其難地讓他接受這份『賞賜』了。跟著，湯姆的朋友們一個又一個的接踵而來接受『賞賜』。」

Victor 接著說：「在職場上，我們常常都要面對類似的問題，往往都需要我們靈巧變通。也許很多時候，環境是既定的，我們無

法改變;但是,我們可以改變的是心態和處理的方法。湯姆的故事正好告訴我們若果能從不同的角度去處理同一件事情,結果會甚為不同,事實上,把壞的開始轉危為機,變成好的結尾確是需要經驗、知識和能力。」

Victor 接著分享他在職場上的數個活生生的例子。其中的一個是在2000年,因受到1997年亞洲金融風暴的持續影響,香港的經濟接連衰退了3年,他的銀行也接到美國總行的指示,開始要進行瘦身甚至裁員的準備。

當然,最直截了當的解決辦法是照指示解僱員工。但Victor與上司分析及商量公司當時的形勢,最重要是用盡一切可行的方法去保持員工的「飯碗」及公司長遠的競爭力,最終,他們想出了一個在毋須犧牲任何一名員工的情況下進行大規模業務重組及部門改革的方案,安定軍心,令公司能維持往績,穩步前行,就像上述經典故事的主角湯姆一樣靈巧變通,在危機中想出能顧全大局的辦法來。

資源管理（第八節）
那些年，六個蘋果之第六個
健康（HEALTH）

「我拿青春賭明天，你用真情換此生，歲月不知人間，多少的憂傷，何不瀟灑走一回！」（《瀟灑走一回》主唱：葉蒨文）

Txx Yu：

「『又青又紅大蘋果，內含維生素很多，一天一個堅持吃，醫生疾病遠離我』 《蘋果賦》，相信大家讀完這首詩，都知道最後一個（即是第六個）蘋果是指健康（Health）。健康是我們人生中最寶貴的資源，一旦失去它，無論你有多大的能力，多豐富的創意，都無法將他們一一應用，就像Steve Jobs 一樣，成為全世界的遺憾。

但對於大多數年輕人來說，健康就像是與生俱來，必然的。不但不好好珍惜它，反而處處破壞它，例如，早上因為賴床而不吃早餐趕上學，下午因為沒做功課而不吃午飯趕工，晚上因為玩樂而遲遲不睡覺。這樣的生活便慢慢拖垮我們的身體，失去人生最珍貴的健康。

Victor 接著以自己的三段經歷，講述健康的重要性及每次經歷給他帶來的啟蒙和轉變。中學時候的Victor 在公共屋邨成長，和很多屋邨男孩一樣喜歡踢球，經常在球場流連，這種生活最終帶來了Victor 一次慘痛的經歷。在1975年8月7日晚上十點半，當Victor 與幾位屋邨兄弟逛完油麻地廟街大笪地回家之際，被十多名刀手突襲，當時身中多刀的Victor 僥倖逃離包圍，被送進伊利沙伯醫院的

手術室，經過七小時搶救，最終幸保性命。

兩星期後，當Victor 開始在病床上可以說話時，他遇到了一位貴人　深水埗當時的華探長李龍心的提點：『（一）繼續做球場小霸王，遲吓再行走江湖，最後橫屍街頭；（二）跟著品學兼優的三哥明欽做個有用的人。』最後，Victor 選擇了以三哥作為榜樣重新振作。1975年暑期的遇襲改變了Victor 的一生，立志努力讀書，將來做個有用的人。憑著努力不懈的意志，追回往昔數年未讀的書，考進了香港浸會學院攻讀工商管理學課程。

雖然家貧，Victor 通過好成績拿取獎助學金以減輕家裡的經濟負擔，同時，由於要與三哥一同肩負家庭開支的責任，所以在課餘後，便每天輪著去四個家庭幫他們的中學子女補習，由於長時間沒有足夠睡眠和休息，終於令身體出問題。」

在大學四年級上學期，快要畢業的時候，Victor 突然在一年一度的校運會比賽中暈倒，送到醫院後證實得了「肺癆」。幸運的是當時的醫療藥物已進步了很多，「肺癆」再也不是絕症，不再像5、60年代了。Victor 用了半年時間接受針藥治療，漸漸康復。可幸的是Victor 在大學首三年已經修畢了足夠的學分，所以在最後一年只需修讀四科，便可如期畢業。

更幸運的是這四科都拿到了好成績，令Victor 可以Distinction Honor 畢業，順利加入銀行做見習生。但這次大病的經歷令Victor 的身體一直都不能好好復原，成為日後健康出了問題的一個遠因。

2006年，當他在銀行工作進入了第25個年頭後，美國銀行決

定將香港的零售銀行業務售予中國建設銀行。Victor 並獲CEO 委以重任，成立一個過渡組織，統籌這次收購合併。經過129天的高難度挑戰工作後，Victor 幸不辱命，終於完成了任務。但由於在過程中沒有充足休息的機會，在合併收購完成數周後，他在辦公期間突然休克，被送進醫院，在床上整整昏睡了17天。

更不幸的是，這次勞累所引致的後遺症　Burnout Depression（倦怠抑鬱症）– 令Victor 痛不欲生，腦子裡無時無刻都有個聲音叫他去尋死。醫生說是因為過度勞累而破壞了腦裡的血清素正常分泌，在缺少足夠的血清素下，所以便引致有Burnout Depression 這病症。醫生說現代的醫學進步神速，這種病已經有藥物可控制，但這些藥的副作用是影響心、腎、肝等器官，要在專業醫生診斷及指導下，按階段進行藥物治療，才能逐漸控制病情。

在過去五年中，Victor 曾經在醫生協助下多次嘗試脫離藥物治療，但每次最終都失敗而回。這令Victor 更明白年輕人吸食軟性毒品後，要戒掉是多麼的艱難，希望各位年輕人能潔身自愛，遠離軟性毒品。經過這次慘痛的經歷及在這過程中，深深受到兩部名著的啟蒙，就是《Half Time：Moving from Success to Significance》由Bob P Buford 著 和《The Last Lecture》由Randy Pausch 著，Victor 重新釐定自己人生的路向，不再祇顧埋頭工作，他安排三分之一的工餘時間到浸會大學，進修工商管理學博士課程，另外三分之一的時間透過探訪大、中、小學，把自身的經歷、知識與年輕人分享，助他們踏上康莊坦途。

找到心底夢想的世界

　　Victor 最後回答一位學弟的問題時說：「在過去30年，我在職場上得到的最重要的啟迪是，在全世界數一數二最開放的城市裡，每個人都在拼命地工作，希望能闖出一番事業來，但拼命也不可完全忽略自己的健康，因為沒有一個健康的體魄，無論你有多大的理想都是徒然的。」最後，他想以一個問題讓大家思考作結：「年輕的時候，我們用健康換取金錢，但才不久後又要以金錢來恢復健康，最後得到的祇是肉體上的痛苦，值得嗎？」

025

資源管理（第九節）——
那些年，六個蘋果之總結

「世界就是紛紛擾擾，只有紛紜的觀點，沒有永恆的真理；只有眼前的利益，沒有普世的價值。」（《信報》林二汶 24/4/2011）

Victor 説：

「原來世界的資源，直至到2011年5月已被發現的只有118個元素。而宇宙萬物就由這118個元素的不同組合而成。有些是一個獨立單元，有些是雙元，有些是三元 …… 有些是數十個元素結合起來。我們常説的金、銀、銅、鐵、錫都是由這118個元素的不同組合而成。現代人普稱這些資源為硬資源（HARD Resources）。無論這些硬資源在宇宙存在的種類有多少，有可能多至幾百億萬種，總的來説都是有盡頭的。

但有一樣東西是無極限的，這就是『未來』，而這個『未來』就將會由像你們這班剛畢業的同學及未來的世代所創造的。至於你們能否在未來職場上，從同輩中脱穎而出，創造未來遠大的成就，最重要憑藉的資源，就是決定於你們怎樣發揮『心中』的軟資源（SOFT Resources），大家請留意：是心中（mind），不是腦中（brain）。舉一例子：Apple 的喬布斯，他其實是沒有創造任何新穎的東西，他只是把相機、收音機、錄音機全部併合在一個user-friendly 的智能手機（iPhone）裡面。過程需要的是他用心（mind）把不同領域的知識融會貫通應用起來，發展成一個iPhone。

你們剛剛大學畢業而即將面對未來的挑戰，將會遇到不同性格、能力、智力的人，亦將會廣泛領略不同範疇的知識，如果你能

把不同人脈和各類知識融會貫通、共冶一爐，然後打通任督二脈，達致『格物致知』的境界，那麼，到時候你的感覺就猶如古龍所説：『手中無劍，心中有劍 …… 樹木皆為劍！』，那時你就完全可以將知識及經歷轉化成你的人生智慧，發展你無限的未來。

　　「做人『雞咁腳』，一生『無出色』。」（《信報》曹仁超 27/3/2004）

Victor 繼續説：

　　「同學們，今天你們快要離開校園了，我想繼續與大家分享工作和職業的分別。很多時候，剛畢業最大的挑戰是面對同輩先找到工作，而自己還在不斷地尋尋覓覓的情況。這『快與慢』其實不重要，只是先後次序的問題。因為你所感覺比較『長』的時間只是在畢業後的數個月的光景，但實際上，工作是佔據了我們的人生最少有三、四十年的路程，在這麼長的時間裡，首先找到工作祇是一個短暫的現象，在往後漫長的數十年的職場生涯，半年的差距是沒有甚麼大不了的，所以不用緊張，因為率先找到工作很多時只是運氣或市場氣氛佔了最主要原因。

　　我對上天萬分感恩，因為是祂安排給我的工作歷程比較順利。在過去30年，我祇是在單一的銀行業上發展，我稱呼它是我的職業，不是工作。自從1981年畢業於浸會工商管理財務系以來，我所學到的書本知識全部都能夠應用於職場上，完全是『零浪費』。比對有些人，不明白工作和職場的分別，他們只在過程中尋尋覓

覓，每三年轉一份工，30年後做了10份工，做了10個行業。其實，要找一份工作不難，那只是戰勝了一個小小的戰役，但要找一個自己滿意的職業，就一定要付出時間、耐性及真心的態度，有承擔，遇到問題，要用心處理，不能逃避，經長年累月積聚經驗，就等同要戰勝了一場戰爭一樣。

個人讀書所學知識，如果學了而沒有應用至工作層面上，就如入寶山空手回。因為祇學了而不懂應用就永遠只是知識，但懂得應用、伸延和轉至處世及工作上，在經歷的過程中就頓成了個人的智慧。如果個人想做一個有智慧的人，除需要有以上所說的經歷過程，重要的是有一套真功夫，使個人應用時能如魚得水，揮灑自如。

Victor 繼續說：「假如將這套功夫化繁為簡，其實可以總結為有四個策略：

第一個：『做多些（more）』有益和有建設性的事情；
第二個：『做好些（better）』必需要辦的事情；
第三個：『做不同（different）』的處事方法；及
第四個：『做少些（less）』浪費時間的事情。

舉一個『做多些（more）』和『做好些（better）』的例子，現在全世界約有1/3人口是說普通話，約有1/3人口是說英語，另外約有1/4人口是說西班牙語；如果年輕的你能盡早善用工餘時間，學好普通話和英語，有興趣的話甚至學懂說西班牙語，那麼，你的語

言『功夫』已經可以使你能無隔膜地走遍整個地球約百分之九十的地方了。

　　再舉一個『做不同（Different）』的例子，如果你畢業後，在你的工作及生活圈子裡總是跟一些比你年長5至10歲的良師益友結伴，那麼，你定必獲得他們用不同的方法引導你該走的路。他們會以身作則為你示範甚麼叫『應該』做，或是甚麼是『好的作為』。他們的智慧是你暫不能企及的，但並不是他們比你聰明，只不過是因為他們都真的比你經歷多，而且比你更早一些將自己的能力在處世及職場上發揮。很多時，有些比較聰明的前輩，更懂得將你從盲點中引導出來，將你自己不了解的疑團清除，好讓你可以走得更順暢。這些良師益友，在你的生命歷程中，總會帶給你一種心中富有和有信心的感覺，讓你走得更遠更快。」

　　最後 Victor 引用下面一位良師的金言玉語，作為今次職業工作坊的總結：

　　「貪得者，身富而心貧；
　　　知足者，身貧而心富；
　　　居高者，形逸而神勞；
　　　處下者，形勞而神逸。
　　　孰得，孰失？孰幻，孰真？
　　　達人當自辨之。」
　　　　　　　　　　《菜根譚》

026

「工作與生活平衡」工作坊（一）
目的和發展

工作間的壓力，
冗長的工時，
長途跋涉的公務旅程，
耗時費力的家庭重擔，
持續進修及終身學習等等

　　已令我們的工作和生活不斷地遭受到一波又一波的挑戰，但羅馬哲學家塞內卡（Seneca）（4B.C - 65A.D）說過：「如果你懂得善用生命的話，其實它並不短暫。」

　　2013年2月2日（星期六），我和數位年輕的浸會大學畢業生（Joxx，Yuxx，Micxxxx，Asxxxx，Bexxx，Pexxx，Neo 和Ricky）一起獲邀主持一個名為「如何在工作與生活之間取得平衡」（「工作與生活平衡」）的工作坊。這項特為年輕的浸會大學畢業生設計的活動是一系列職業發展計劃的其中一環，每個季度由香港「浸會大學校友會」在浸會大學校園內舉行。

　　為了能讓無暇參加工作坊的校友都能分享到有關活動的內容，Neo 和Ricky 協助我總結了工作坊活動的要點，並於2013年5月17日在校友的社交平台和刊物上發表。

　　我在工作坊開始時說：『過往數十年，「工作與生活平衡」的計劃因其能嚴謹符合一個機構的關鍵目標而廣受僱員及管理行政人員的歡迎。我們一直見證了它成為會議室和各大會堂內熱烈討論的主題。今後，它會毫無疑問地繼續成為勞動階層關注的其中一個重

點。對我來說，工作與生活平衡不光是指工作與生活相等地均衡，亦並非指有任何完善的、能夠適合所有工作與生活平衡的萬應萬靈的解決方案。

　　人們普遍能理解工作與生活平衡因人而異，因為我們有著不同的優次和各種的生活方式，而最重要的是：縱使是對同一個人而言，解決方案都會因時制宜。從我過往 30 年在銀行工作中累積到的工作與生活平衡的經驗，連同今次八位年輕畢業生的經驗，我們的談論得出了下面五個能達致工作與生活平衡的要素，並進一步構思了一個能迅速及有效地實踐起來的方案。這五個要素是：

　　Community = 群體；
　　Family = 家庭；
　　Friend = 朋友；
　　Work = 工作；
　　Self = 自身。」』

「工作與生活平衡」工作坊（二）
三代同堂

　　2013年3月24日，Neo 和 Ricky 寫著：「2012年11月24日，我們參加了校友會的燒烤聚會，參加者有年逾90的老婆婆，有剛從職場退下的退休新鮮人，亦有初出茅廬的『番薯』人，認識了不少新舊校友，而那位老婆婆正是 Victor 的母親。席間 Victor 提起有一個在2013年2月舉辦的 Mentoring Workshop（導師工作坊），他感到非常榮幸能獲邀為一個名為「如何在工作與生活之間取得平衡」（『工作與生活平衡』）的工作坊擔任嘉賓主持，而他希望有多一些年青人參與工作坊的準備工作；於是，一眾熱心年青校友們便響應號召加入了工作坊的籌備小組。

　　2012年12月1日，Victor 約了工作坊的籌備小組成員在銅鑼灣的一家酒樓首次聚餐，特別的是 Victor 也帶同90歲母親出席，親自示範給師弟妹們看到開會與孝順是可以同時進行的，並且突顯出時間管理得宜的好處。我們熱烈地討論和探索工作坊的主題構思；有感於剛出來工作的師弟妹可能不太懂得分配時間，而畢業多年的師兄姐亦樂意分享自己的過去經驗，於是一個關於時間管理和工作與生活平衡的構思便慢慢浮現。

　　2013年1月5日，籌備小組於銅鑼灣同一家酒樓再次聚餐，時間管理及工作與生活平衡之平台已設定，Victor 同樣攜同母親參加，並向我們介紹其製作的 Power Point Slides（文稿演示軟件的投影片）初稿，內容分別有前言、討論環節、資料報告、專家意見及眾多師兄姐的寶貴實踐經驗。Victor 帶領組員及參加者討論和分享，邀請我們各自負責一部分，有人設計遊戲部分，有人負責電腦

找到心底夢想的世界

檔案製作,有人演繹統計報告,就像聖經所說:『按照各自的神恩,為教會內的弟兄姐妹服務。』

2013年2月2日(星期六),工作坊開始前3小時,Victor 相約團隊隊員共進午餐;為了同時兌現每星期六中午都能陪伴90歲母親的承諾,他再次攜同母親及妹妹出席。在工作午餐中,隊員將自己負責的環節細述一次及作出最後的綵排。下午2時30分,工作坊正式開始,首先大會以 Beatles' 的一首60年代名曲帶出 work-life balance 「工作與生活平衡」的主題。美國在60年代,後工業化社會邁進服務業之後,工種的轉變令普遍的僱員生活被較多、較廣及較深的工作要求佔據了更多時間,因而引起部份人士反思生活的素質,渴望在工作與生活之間取得平衡,以達致有效完成工作之餘亦能享受優質生活的「一舉兩得」的局面。

"A Hard Day's Night"
It's been a hard day's night
And I've been working like a dog
It's been a hard day's night
I should be sleeping like a log
But when I get home to you
I find the things that you do
Will make me feel alright
You know I work all day

To get you money to buy you things
And it's worth it just to hear you say
You're gonna give me everything
So why on earth should I moan
'Cause when I get you alone
You know I feel okay
When I'm home, everything seems to be right
When I'm home feeling you holding me tight
Tight, yeah!
...
Will make me feel alright
You know I feel alright
You know I feel alright
[Songwriters: Lennon, John Winston / McCartney, Paul James]

　　伴隨這首經典名曲的歌聲中，很多師兄師姐都會不經意地輕輕唱起來。另一邊廂，一群 90 後的師弟妹們，雖然他們正處青春無敵期，卻祇能作『壁上觀』。不過，從他們傾耳細聽的神情中，我們的團隊都發覺他們像能明白歌辭的意義，處處表露著人們希望從繁忙的工作中能找到生活的平衡。

　　聽完"A Hard Day's Night" 一曲之後，接著的一個環節是小組討論，讓參加者探究及分享在生活及工作上有否欠缺平衡的情況出現？

　　參加者根據入場時的姓名標示上的顏色（紅、黃、藍、綠、黑），分為五組，每種顏色就以熒光幕上五環旗的顏色分為 Work（工作）、Family（家庭）、Friends（朋友）、Self（自身）和 Community（群體）作專題討論。

　　各參加者都熱烈討論及探究其專題，很快 20 分鐘便過去了。詢眾要求，加時 10 分鐘討論。過程中，各組中的師弟妹們對時間管理及工作時間分配都遇到不同類型的挑戰，例如：因為工作所限，與家人、伴侶的見面很少；準時下班會被老闆看成不盡力工作。其間一些較有經驗的師兄姐們即時提出了很多過往經驗和意見作為參考和討論，這些經驗和意見尤其對一些剛剛畢業的師弟妹所起的啟蒙作用比較大；與此同時分享過程中亦帶出了最常遇到「工作與生活平衡」的問題和挑戰，從而配合活動下半部分的內容重點。

　　30 分鐘分享討論完畢後，五個組別，分別是：

Community （群體）
Work （工作）
Family （家庭）
Self （自身）
Friend （朋友）

都選出一名代表，在大會上即時滙報及分享各組探究專題後得出的重點，使各參加者獲益良多。這環節完結後，大會安排一個30分鐘的茶敘小休，讓各參加者進行另一重要職場環節——「Social Networking」（聯誼）。』

疲怠抑鬱症

茶敘小休完結後，接著是一個「駁汽水飲管」的遊戲。遊戲要求每位參加者以一根指頭貼著飲管的一端，再由另一參加者以同樣方法在另一端把飲管固定在半空中而不掉下。一開始的時候大家都覺得很容易和輕鬆，但之後主持要求參加者做出不同的接駁形像 …… 三人接駁成三角形，然後四人圍成四方形，五人圍成五角形 …… 到最後全場參加者合併為一條長的「龍」形時，挑戰便愈見激烈了。這遊戲的主要目的是讓參加者體會到：

如果只需要應付生活上的其中一環時，每個人都定能輕鬆地面對；但當要同時兼顧事業、家庭、朋友、自身和群體等方面時，便愈來愈難以取得平衡了。

在這第三環節中，Victor 分享了他最近一次 Work-life "Imbalance"（工作與生活「失衡」）的個案。2007年初，在經歷了數個月緊湊地工作，完成處理一次銀行收購項目後，他在上班時因突然休克被送進醫院，醫生經過兩星期的診斷，證實他出現「疲怠症」的病徵(Burn-out syndrome)。後來再經三星期休養，並服用有關藥物後，病情轉趨穩定，重返崗位工作。約半年後，當Victor

完成另兩家銀行的合併工作後，他的「疲怠症」不幸地再復發。

那次，經過數星期反覆診斷，他的專科醫生斷定他的「疲怠症」不幸已惡化為「疲怠抑鬱症」；猶幸在醫生的悉心治療和藥物協助下，他的病情逐漸穩定下來，休假數星期後，便再次恢復工作。Victor 分享那次工作經驗的目的是希望師弟妹們不要犯上他的錯誤，因為代價可能是賠上一生的健康的！

所以 Victor 建議在選擇自己的職業時，應該考慮工作及自身條件的配合和平衡是環環相扣的，缺一不能成型。Victor 為促進師弟妹們在考慮選擇工作過程時，能從芸芸要素中找出最重要的，他提出了一個業界常用的模式 "Two Legs Ladder"（「兩條腿梯子」）。

在第四環節，Victor 聯同兩位師妹，Yuxx 和 Joxx，闡釋「兩條腿梯子」涵蓋的理念和應用。團隊首先解說左方 "What My Company Does For Me"（「我的公司為我做了些甚麼」）的內容及意思，之後引用一家世界著名市場調查公司最近從香港數十大公司搜集得來的，有關「工作與生活平衡」資料的調查報告，從而引證「工作與生活平衡」對公司及員工長遠發展的重要性。完成了「我的公司為我做了些甚麼」之後，Victor 繼續闡釋 "the leg on the right side"（「右面的腿」），主要是考究公司的核心價值觀有否違反個人的價值觀。

要達致工作與生活平衡，訂定一套核心價值來穩住自己的堅持至關重要。

Consideration = 體諒
Integrity = 廉正
Love = 情愛
Affection = 慈愛
Care = 關懷

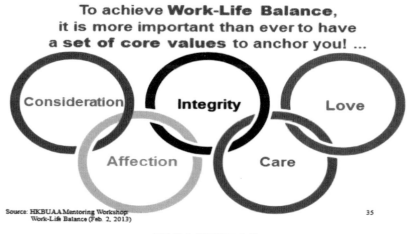

工作與生活平衡工作坊

「工作與生活平衡」工作坊（三）
More、Less、Better 和 Different？

確定公司與個人的核心價值觀沒有重大差異後，Victor 建議「一套四式」的策略，希望幫助師弟妹們能在事業上加速前進。

第一式是More（多些）：分配多些時間在對自己有益的事物上，如有關自己行業的進修。

第二式是Less（少些）：減少無謂的活動，例如：看八卦雜誌，假設你知道郭富城和別人有一腿於你有何益處呢？除非他是你公司的代言人、或你是娛樂界中人或你是他的緋聞對象吧！

第三式是Better（好些）：在大家都認識的東西上做得比別人好一些，例如：英語發音如何更為準確。

第四式是Different（不同）：掌握一樣你獨有的技能，在老闆用得著時第一個想起你來；以及當同業認為政策不可行時，把心思放在怎樣才可行之上。

工作坊進入最後的環節，Victor 說，在職場上我們時常聽到這個商業範式可行，那個商業範式不可行，這種方法可行，那種方法不可行。其實，可行的範式和方法都是總結了一些在處事時最多人認同的成功做法和規則，方便後隨者應用罷了。

為了方便將有關工作坊的分享總結成為日常可以應用的範式，Victor 融合過往的經歷、經驗和知識，發展了下述的一套「待人接物金字塔」。

Victor 勉勵師弟妹們，這套範式不是萬應萬靈，也不應「一部通書看到老」；但像其他可以應用的範式和方法一樣，它可以解決大部份人生處世及職場面對的問題；重點是要多運用，熟能生巧，

自然水到渠成。

　　最重要的是先問問自己生活和工作的目的和目標（Objectives & Goals）是甚麼，之後把多些，少些，好些和不同的策略（Strategy）在自己的技能（Skills）、工作態度（Attitude）、行為（Behavior）、知識（Knowledge）和人脈網絡（Networking）各方面運用，遵照自己的核心價值，也就是：領導才能（Leadership）、團隊精神（Teamwork）、贏得人心（Winning）、廉正品格（Integrity）、信任別人（Trusting）和做正確的事情（Doing The Right Thing）去待人接物。

　　Victor 續說：「人生的經歷，有高山也有低谷，即使有最好的準備，也不能保證得到最好的回報。」尤其是在職場上。不過，像電影《少年PI的奇幻漂流》的主角在戲裡所說一樣，在大海（職場）中求生，最重要的是不要放棄希望。

　　Victor 總結整個工作坊時，凝望著坐在前列座位的 90 歲母親說：

　　「是你教曉我金錢是重要的，因為我們都有賬單要支付。但最終我們會發現，擁有金錢並不是我們的終極目標。

　　圓滿完成工作的滿足感，為一些有意義的事情作貢獻，還有，找到自己愛做的事，這些目標更加會讓我們有動力，也會為我們帶來更快樂輕鬆的生活。

　　金錢不等於幸福，它只是能讓我們有吃有穿維持生活的貨幣罷了！」

罐子裝滿了嗎？

Neo 協助我總結這工作坊活動要點時亦提到《國富論》作者亞當 • 史密斯坦言：「貨幣祇有兩種用途：一是通商的媒介，可以用來取得所需的物品；二是價值的尺度，值多額貨幣的人，被稱為富人；僅值少額貨幣的人，被稱為窮人。(《國富論》第四篇，第一章)

經濟學之父開首即指出金錢的真貌 —— 祇是購物的工具。金錢與快樂幸福並沒有直接的關係，富人與窮人祇是在同一世界，過著不同的生活模式。因此每個人有四種選擇：做快樂的窮人，不快樂的窮人，快樂的富人或不快樂的富人。

快樂的窮人例子有：德蘭修女、欠債累累的林肯總統及南非總統曼德拉。快樂的富人例子有：慈善基金創辦人石油大王洛克菲勒。即使並非名人，各位身邊亦不難發現此四類人，你又會選擇去做哪類人呢？

由 BBQ 開始，Victor 已經帶同媽媽一齊到來，去到之後的 Work Life Balance Workshop 亦有媽媽陪伴，時間管理已經不知不覺在其生活中應用著，可見生活及工作之平衡並非一種領悟，而是一種習慣。

在這方面，令我想起網絡上一則時間管理的故事：

一位教授在桌上放了一個玻璃罐子，然後拿出一袋鵝卵石放進罐子裡，問道：「罐子裝滿了嗎？」學生同聲回答：「滿了。」

「真的嗎？」教授接著拿出一袋碎石倒進罐子，再問學生：「罐子裝滿了嗎？」這次學生猶疑地答道：「可能沒滿。」

接著，教授再拿出一袋沙子，慢慢倒進罐子，倒完後問學生：「罐子是滿了的，還是沒滿？」學生學乖了，都回答：「沒滿。」

　　最後，教授拿出一瓶水，倒進看起來已經被鵝卵石、碎石、沙子填滿的罐子，然後問學生：「我們從這件事學到了什麼？」班上一陣沉默後，一位學生回答：「無論我們多忙、行程排得多滿，都可以擠出時間來做更多的事情。」

　　教授聽完後點了點頭，微笑道：「答得不錯，但這不是我要告訴你們的重點。我想告訴大家的是，如果你不先將大的鵝卵石放進罐子裡，也許以後就沒有空間放進去了。」

找到心底梦想的世界

Chapter
Five

自信可
改變未來

看《昂山素姬》這套電影，
讓我足足哭了兩個小時

　　2014年10月28日晚上，一位志趣相投的朋友邀請我到他家中看《昂山素姬》這套電影。我由開場足足哭了兩個小時，原來，這就叫思念 …… 不停地思念我的三哥明欽！朋友在看完電影後跟我分享一篇書摘，標題為「別後」，作者是台灣建中三年級學生江政家，內容是描述他爸爸罹患癌症的歷程和他內心深處的最大遺憾，就是爸爸在掙扎中告別了人生舞台。

　　「思念的浪潮如同海嘯，海水先慢慢褪去沙灘，就當我不以為意地前進時，滔天般的巨浪突然直接把人席捲而走，不能抵抗，也不需要抵抗。這浪潮給我的第一個畫面竟是爸爸最後幾天戴上氧氣罩輔助呼吸，吞吐之間，霧氣籠罩他那早已乾槁的面容，無言已是他生命不可逃避之輕的日子。

　　爸爸罹患的是肝癌，發現時已經是屬於末期的第四期。出自於對死亡的恐懼，爸爸跑了三間醫院仍難以接受這個事實。印象中的爸爸，開朗是他鮮明的模樣。但醫生一次又一次給予HCC（註：肝細胞癌的簡稱）的答覆時，媽媽形容他如同被宣判死刑一樣的震懾、一樣的沉默。死亡，根本還沒在我的人生字典裡建檔。這是十四歲的我，第一次接觸死亡，也是刻痕最深的一次。

　　爸爸接著選擇接受各種標靶藥物的治療，甚至包括後來的栓塞手術。往返醫院之間，我曾經不解地問媽媽：『末期不是代表沒救了嗎？』『你爸還等待著奇蹟的出現。』媽媽答道，顫抖的口吻伴隨著潤紅的眼眶。奇蹟來到前，老天給予爸爸的磨難著實讓人不敢想像。家裡抽屜數袋的嗎啡、爸爸老家兩支氧氣鋼瓶以及牆壁上

只有撞擊才會留下的血跡，默默地道出那段無人在他身旁陪伴的日子。

　　奇蹟並沒有降臨。最終，他還是走了。我們回到老家的時候，所有管子和儀器已經都拔掉，僅留護士手上一隻虛妄的手壓式氧氣罩。名義上說，留著一口氣，回到家裡了。然後，我看著氧氣罩移開，爸爸用力地吸了他真正的『最後一口氣』。眉頭深鎖的，胸口停止了再有起伏的跡象。原來死亡，在某個瞬間靠我那麼近，卻又離我那麼遠。老師說這叫生命的無常，但在我內心深處更大的遺憾卻是爸爸在掙扎中告別了他的人生舞台。」

　　作者繼續憶述：「數年來我不停思考，當我用盡了老天賜予的額度，刷爆了時間所給的唯一一張卡，我能不能不要直到離去的那一刻才學會放手？

　　所以我不期盼生命的終點線奇蹟般的退後，更拒絕侵入式的治療換取死亡過程的延長。在抵達終點前的最後一哩路，我想我應該要和生命中所有美好與不美好擊掌歡呼，帶著感恩與無悔的心情去完成。

　　DNR（註：放棄急救同意書的統稱）抑或是預立安寧緩和醫療暨維生醫療抉擇意願書，還靜靜地躺在電腦桌面上。當我年滿20歲的那一天，我給自己的一份20歲生日禮物，就是提早決定我和這個世界說再見的方式。

　　『爸爸的病，我有更好的選擇嗎？』多年後面臨人生職業的十字路口，這個問題依舊在腦中迴旋。但也或許為了找尋這個問題的

答案，堅定了選擇白袍並決心投入重症醫學與安寧療護的路途。這條路能夠走多遠，一個高中生無法給出像數學邏輯般嚴謹的辯證；祇願在我道別的那一天，這個世界有多一點人在安寧療護中，尊嚴得辭別自己最親愛的家人。我的人生應該帶著這樣的使命與志業，我自許著。

　　人生的終點終究是死亡，所以人生的目的應該是抵達終點前的那些過程。我想，不因完結而哭，要為曾經發生而微笑，是我在那思念的浪潮席捲過後最深刻、最平靜的體悟。」

Connie 姐，我們永遠敬佩您！

2013年2月12日清晨3時20分，我接到認識40多年的中學同學「昇哥」由美國加州傳來的短訊：「各位：我實在非常討厭發放這樣的消息，特別是在新年期間！但我想我還是有必要通知大家的Connie 姐已於昨夜在護養院離世了！我相信Connie 姐的遺願已經得到了應許，她終於能安息主懷了… … 珍重啊！」

2013年2月15日，我寫了下面的電郵給 Connie 姐的家人：

「親愛的 Joe 哥、Alex、Charles、Curtis 和 Amber：

過去24小時我一直在為 Connie 姐祈禱，亦感到非常難過，但無奈也得接受您們摯愛的妻子、姊姊、媽媽已經離開了我們。我相信 Connie 姐如今是安躺主懷，並且化作一個美麗和善的靈魂，永享平安和喜悅了！

我是在1972年暑假某一天認識 Connie 姐的。那個暑假過後我便是一個中三年級學生了。該天，我是深深感受到 Connie 姐對我的愛護和關懷的。她帶著弟弟Alex、同學（『花忠』、昇哥）和我到佐敦『普慶戲院』對面一家名為『杏花樓』的中式酒樓，讓我第一次嚐到了最美味的『點心』午餐，然後她帶著我們一起往看電影。這些年來我一直見證了 Connie 姐真的是Joe 哥的賢內助，Curtis 和Amber 的慈愛和細心的媽媽，Alex 和 Charles 的體貼和疼愛的姊姊，而對她周邊的友人來説，她是一個值得信賴和真誠的朋友。

在過去的41年裡，我看見 Connie 姐對每一位她認識的人和她所做的每一件事都展現了她的仁愛、熱誠、果敢與奮發。自從第一次中風之後，她在最近八年中努力積極地生活著，讓我們看到了她

在日常作息中顯示的無比堅忍。她是活在一個洋溢著愛心、關懷、體貼和寵愛的生活裡，並且受到每一位認識她的人的愛戴。Connie姐令你、我和無數的人感受到被讚揚和獲尊重的體驗，那種感覺至今依然深印在我們的心坎裡。」

　　「回想起2006——2007年間，Connie姐在珠海中山醫院復康期間的那些歲月，她信心滿滿和懷抱著希望的面容依然縈繞我的腦際。我憶起每個月我會前往探訪她一次，並且帶她外出到不同的餐館吃午膳，她總是訴說前一夜她不能入睡，老是興奮地惦記著要和我見臉和說說話。她經常說衷心感激我探望她，因為她明白到，對我來說，來回兩程已花盡了我一整日的時光。然而，當我跟她叶露，我感到自己是多麼幸運，能夠來去自如時，她老是微笑著點點頭地認同。到了跟她道別時，她總會央求我協助她從輪椅卜站起來，好讓她能把我抱個滿懷；那麼，無論我跑到那裡去，我都能把她的祝福和愛意一併帶著去。

　　我堅信我們的上帝一直好好地看顧著她，而且令她內心感到寧靜與平安，因為她能有像您們這樣的丈夫、弟弟和子女。我希望您們知道，您們的眾多好友此刻亦和您們心連心，惦記著您們，為您們打氣和盡我們所能，在任何時間、以任何方式支持您們的。

　　在過去的41年裡我能夠交上Connie姐這位摯友實在是我莫大的福氣！無論在何時何地，當我們遇上任何樂於助人、熱情洋溢、和藹可親、關懷別人的人時我們永遠都會思念起她來。她是會一路與我們並肩同行的！

自信可改變未來

　　我深信很多朋友都會與我同聲説：『Connie 姐，我們永遠敬佩您！』

　　謹此送上最誠摯的慰問，仍請節哀順變。明德」

　　2013年2月16日，我接到相識四十多年的中學同學「昇哥」由美國加州再傳來的短訊：

　　「舉殯日期尚未確定。阿黃（Alex）也是和我一樣剛剛今早才知道這個令人難過的消息的，但其實上星期五Connie 姐的狀況已急轉直下，並且在看不到有希望時Joe 已經提醒阿黃將會有甚麼事情發生了！這篇連禱文（主題：Connie 姐，我們永遠敬佩您！）將會於本星期稍後在三藩市舉行的葬禮上讀出。

　　　　　　　　　　Ronald Yu-Sing Kwok
　　　　　　　　　　美國，加州，沙加門度　95831」

031

「我回來了!」報讀母校的工商管理學博士學位課程!

2013年6月9日我寫著:

> 「敬愛的天父:煩請把這份禮物送到我摯愛的父親和三哥明欽手裡。謝謝!」

> 下星期日(16/6)就是父親節了,這數星期當中該有不少人可能已計劃了和你們偉大的爸爸歡度珍貴的時刻,為的是對他為家庭所貢獻的一切表示敬意吧!在我來說,我想藉著下述訊息向先父和三哥致敬。

我最尊敬的父親:

> 2009年的父親節(21/6),您的孩子們齊集在安老院跟您和母親共度寶貴的時光。有一刻,我在您的耳畔訴說,我會在秋季到母校繼續我的學業,修讀工商管理學博士學位課程。我講述了進修的原因和未來的理想,並且在一個月後把它記錄在《星期五分享》專欄的一篇文章中。自此,每天我祈禱和盼望在不久將來的一天您能與其他家人、親友和知交一起出席我的畢業典禮。遺憾的是,兩年前在我完成學業之前,您便往返天家了。趁著即將來臨的父親節,我想衷心感激您和已離世的三哥明欽,因為在所有家人生命之旅當中的每一步,您們都送上充滿恩慈的祝福。

摯愛的三哥:

> 「無錯!我得咗喇!」我完成了你未竟之志了!最近,我接到

自信可改變未來

母校的邀請，在今年11月舉行的第54屆畢業典禮中授予我工商管理學博士「優異學術成就獎」。

我憶及四年前在下述《星期五分享》的文章中，我曾經和你分析完成你未竟之志的理由。

　　…『生命之意義：由一點點熱愛、真誠、關懷、奮鬥、堅毅、承擔、智慧、理想 …… 串匯而成。』…

我想藉著今週的分享，向各位家人、兄弟妹及親友們再一次表達衷心的感激。沒有你們的誠心祝福及無私的關愛，我想能夠像現在這般從容地再次 「站起來」 一定是不可能的了。」

回想2009年7月24日時，我曾誠心感恩地向大家說過一聲：『我回來了！』並在《星期五分享》專欄的文章第 #269/86 篇裡分享我會再一次拜師於母校香港浸會大學，去完成我最渴望達致的心願 – 拿到『工商管理學博士學位』！

當時我是這樣寫的：「…… 其實這個心願有一半是代我尊敬的先兄明欽去完成的。他一向有志於修讀博士學位課程，無奈當選了三料議員後要忙於公務，努力拼搏，惟有把進修的計劃暫且擱下，但很可惜的是，他最終想也想不到自己的生命之旅祇有那麼短短的37年。

另一半進修的原因是，我希望可藉著這次進修過程來提升自身的靈修及學養，讓我有更大的智慧去團結及啟蒙我們的下一代

（Y 及 Z 世代）。

　　最近，在我的導師及好友的鼓勵下，我打算在未來的分享中，開始把我過去生命之旅中的一個個小故事，以散文形式寫下來，衷心的希望這些獨立的小故事能對下一代的青少年有著正面的影響。

　　這些小故事，我打算從小時候偷渡來港開始説起，到在貧民窟中的童年生活，第一次吸食毒品的滋味，在球場做「陀地小霸王」等等的片段；也可以細説一些當足球、田徑校隊隊員的鍛煉過程、一些行走江湖時的經歷、到中五（1975年）會考放榜前夕的遇襲；1976年父親中風，家庭頓失經濟支柱；1977年考進香港浸會學院，依靠半工讀完成學業；1981年畢業後進入銀行界工作；期間，在工餘時協助三哥明欽當選區議會議員、市政局議員及最後晉身立法局議員（1991年），那競選過程中的黑暗面，斡旋鬥智、恐嚇角力，都會一一細表。」

032

公司招聘一名員工是來幹甚麼的？

　　2015年4月25日（星期六），浸會大學邀請我與應屆 MBA（MSc）畢業同學研討怎樣準備銀行金融職場面試。這個特為年輕的浸會畢業生設計的研討會是一系列職業發展計劃的其中一環，由香港「浸會大學工商管理學會」在浸會大學校園內舉行。

　　我在研討會中引用自己、同業、職場招聘顧問和銀行金融培訓班曾教導的理論和實戰經驗，將研討會主題定為「公司招聘一名員工是來幹甚麼的？」

　　在與數十位同學們進行研討交流，得到工商管理學會的數名幹事的協助，記錄了研討會的要點後，並於2015年5月23日在校友的社交平台和刊物發表，方便未能參加研討會的同學和朋輩亦可分享研討會的精華。

　　「你怎麼知道你將要面試的公司是值得你加盟的呢？」答案很簡單，就是看面試時公司能否懂得問下面的問題。

1. 公司招聘一名員工是來幹甚麼的？
   a. 是解決難題而不是製造難題；
   b. 如果一名員工解決不了難題，那麼他／她也是一個問題；
   c. 如果一名員工能解決多大的難題，他／她就可以坐多高的位置；
   d. 如果一名員工能解決多少的難題，他／她就能拿多少的薪水；
   e. 讓能解決難題的員工高升；
   f. 讓製造難題的員工讓位；
   g. 讓抱怨難題的員工離去。

2. 公司的難題為何對員工來說反而是個機會呢？
   a. 能甄別出可提供改善建議的員工；
   b. 例如：客戶的難題就是員工提供服務的大好機會；
   c. 員工自己的難題就是磨練他／她的機會；
   d. 同事的難題就是員工提供支援及建立合作的機會；
   e. 領導的難題就是員工積極靈巧變通後從而獲得信任晉升的機會；
   f. 競爭對手的難題就是員工變強大的機會。
3. 為何不能因失敗而找藉口？
   a. 員工的責任就是他／她工作的方向；
   b. 員工的經歷就是他／她的資本；
   c. 員工的性格就是他／她的命運。
4. 只有去幹，才是成功的開始？
   a. 複雜的事情簡單幹，一名員工就是專家；
   b. 簡單的事情重複幹，一名員工就是行家；
   c. 重複的事情用心幹，一名員工就是贏家；
   d. 一名員工若不願意去幹，總會找到藉口；他／她若真願意去幹，總會找到方法！

研討會最後的勉勵語是：
「美好是屬於有自信的員工的，
機會是屬於肯開拓的員工的，
奇跡是屬於肯堅持的員工的！」

改變自己不成功的四個特徵

2016年6月，浸會大學邀請我擔任客座副教授到廣州中山大學教授 MBA「變革管理」課程，為期九個週末和週日。一如先前在上海、南京和深圳授課時一樣，我用第一天的首節與同學研討，面對越來越多的公司變革，成功克服挑戰的員工和失敗者有甚麼特徵？經過三小時討論和個案研究後，最突出的標誌就是員工首先要學懂怎樣終身不停「改變自己」的陋習，而世界上權威的研究都找到個人改變常常不成功的主因是內涵不成熟，而從觀察員工行為上找出不成熟的表現有下述的四個特徵。

在得到數位同學的協助下，我著他們把研討時引用自己、同業、職場變革培訓班曾教導的理論和實戰經驗的要點記錄下來，方便在未來的課堂上分享。

『第一個特徵：就是要立即得到回報

很多人在做任何事情的時候，剛剛付出才一點點，馬上就要得到回報。很多人做生意，開始時還沒有甚麼成績，就想著要放棄，很多時一些人不明白春天播種，是要等待到秋天才會有收穫的，於是有些人一個月後便放棄，有些人三個月後便放棄，有些人半年後便放棄，有些人一年後才放棄。我們不明白人們為甚麼會輕易放棄，但是我們知道，放棄是一種習慣，是典型「失敗的人」的習慣。所以說人要有眼光，要看得更遠一些，**眼光是用來看未來的！**事實上，在這個世界上，我們祇看到的是「成功的人永不放棄，放棄的人永不成功」。

那為甚麼很多人做事容易放棄呢？

美國著名「成功學大師」拿破崙・希爾説過：窮人有兩個非常典型的心態：

i. 永遠對機會説：「不」；和

ii. 總想「一夜暴富」。

舉一個例子，就算今天一位開飯店很成功的商家把開飯店的成功經驗，發自內心的告訴一位有親戚關係但「永遠都窮」的員工，並説明會特別地支持這位員工去開飯店，這位「永遠都窮」的員工總是會説：

「謝謝你，你行，但我可不行呢！」』

有一種：「既賺錢，又容易，又快」的事

『這就是窮人一個非常典型的心態；但往往這些「永遠都窮」的員工當聽到另一位員工説起昨天他買的Bitcoin 賺了錢，這「永遠都窮」的員工通常會立即問第一個問題：「依家買，遲唔遲呢？」，當聽到「唔遲」，發夢一夜暴富的心態亦在此開始滋長。接著第二個問題來了：「容易不容易？」，當聽到「容易」後，又來第三個問題：「快不快？」，當聽到「快」時，那「永遠都窮」的員工就會説「好，替我去買！」

自信可改變未來

　　大家想一想，在這個世界上有沒有一種：「既賺錢，又容易，又快」的事情的呢？

　　答案當然是沒有的，即使有也輪不到這些不勞想獲的人啊，祇是這樣「永遠都窮」的員工就是這麼的幼稚！

　　在現實生活中，大部份人就是為了希望和夢想活著的，如果一個人沒有夢想，沒有追求的話，那一輩子也就沒有甚麼意義了！因此，我們一定要懂得付出，我們不要那麼急功近利，幹任何事情都要馬上想得到回報，天下沒有白吃的午餐，我們輕輕鬆鬆是不可能成功的。事實上，放諸四海的生活中，人們想獲得甚麼，老天爺往往就與你開玩笑地要你得先付出甚麼。若果我們想獲得時間，就得先付出時間；我們想獲得金錢，就得先付出金錢。我們想得到心頭愛，就得先犧牲所愛。我們想和家人有更多相聚的時光，就得先和家人暫別一陣子。

　　但是，有一點是明確的，我們在每個項目中的付出，最終都會得到加倍的回報。就像一粒種子，我們把它種下泥土裡以後，就要澆水，施肥，除草，驅蟲。最後我們收穫的是不祇幾十倍，上百倍的回報，所以一定要懂得先付出！』

第二個特徵：就是不自律

『不自律的主要表現在那裡呢？

一、不願改變自己

我們要改變自己的思考方式和行為模式，也要戒掉自己的壞習慣。

其實，每個人的能力是沒有太大的區別的，只是在於思考方式有異罷了！

我們嘗試去問問成功的員工和失敗的員工各一名有關某件事情發生的經過，得到的答案往往是不一樣的，甚至是相反的。我們今天的不成功就是因為我們的思考方式不成功所致。

一個理想的公式是：當我們種植一枚思考的種子，我們想有收穫就要有所行動，當我們行動起來把種子種植下去，我們的收穫就是會養成習慣，當我們再把習慣種植下去，我們的收穫就是會塑造我們的個性，當我們再把個性種植下去，那就會決定我們的命運。

但是如果我們種植的是一枚失敗的種子，我們得到的一定是失敗，如果我們種植的是一枚成功的種子，那麼我們就一定會成功。

很多人有不少的壞習慣，如：整天沉迷看電視、搓麻將、喝酒、泡舞廳，他們也深知這樣是不妥的，但是他們為什麼不願意改變呢？那是因為很多人寧願忍受那些不好的生活方式，也不願意忍

受改變帶來的痛苦。

二、喜歡背後議論別人

如果在生活中，我們喜歡議論別人的話，有一天那些說話一定會傳回那被我們議論的人的耳朵裡去，中國有一句古話，「來說是非者，定是是非人。」

三、消極，抱怨

我們在生活中喜歡那些人呢？是那些整天愁眉苦臉，整天抱怨這個抱怨那個的人？還是喜歡那些整天開開心心的人？

如果我們是那些抱怨的，消極的人的話，我們一定要改變我們性格中的缺陷；如果不改變的話，我們是很難適應這個社會的，也很難和別人合作的。

我們必須知道，我們怎樣對待生活，生活也會怎樣對待我們；怎樣對待別人，別人也會怎樣對待我們。所以我們不要消極，抱怨，反而要積極，永遠的積極下去。

我們應該相信的仍然是那句老話：成功的員工永不抱怨，抱怨的員工永不會成功！』

第三個特徵：經常被情緒所左右

『一個人的成功與否，取決於五個因素：

（1）穩定的情緒；
（2）健康的身體；
（3）良好的人際關係；
（4）高效的時間控制；和
（5）精明的財務管理。

如果我們想成功，一定要學會管理好這五個因素，為甚麼把情緒放在第一位而把健康放在第二位呢？那是因為縱使我們的身體再強，假如我們的情緒不好，就會影響到我們的身體。現在一個人想要成功，20%靠的是智商，80%靠的是情商；所以我們要控制好我們的情緒，情緒對人的影響是非常大的。人與人之間，不要為了一點點小事情，就暴跳如雷，這樣是不好的。在生活上，我們要養成什麼樣的心態呢？我們要養成「三不」，就是不批評、不抱怨和不指責，與「三多」，就是多讚美、多鼓勵和多表揚，那麼我們才會成為一個受社會大眾歡迎的人。如果我們想讓我們的伙伴更加優秀的話，很簡單，永遠的激勵和讚美他們。即使他們的確有缺點，那應該怎麼辦呢？這時是不是應該給他們提出建議呢？在生活中，怎樣提出建議的技巧是最重要的，就是運用「三文治」式，步驟是：讚美，建議，再讚美！

想一想，我們一天讚美了幾個人，有的人可能以為讚美就是

吹捧，就是拍馬屁。讚美和吹捧是有區別的，讚美有四個特點：

（1）是真誠的；
（2）是發自內心的；
（3）是為大眾所接受的；和
（4）是無私的。

如果我們帶著很強的目的去讚美，那就是拍馬屁。當我們讚美別人時候，我們要大聲的說出來；但當我們想批評別人的時候，一定要咬住我們的舌頭！

第四個特徵：不願學習，自以為是，沒有歸零心態

其實人和動物之間有很多相似之處，動物的自我保護意識比人更強（嬰兒與小豬）；但是，人和動物最大的區別在於人會學習，人會思考。人是要不斷學習的，我們千萬不要把自己的天賦潛能給埋沒了，一定要學習，一定要有一個空杯的心態。

我們向誰學習呢？就是直接向成功人士學習！我們要永遠學習積極正面的東西，不看，不聽那些消極，負面的東西。一旦我們吸收了那些有毒的思想，它會腐蝕我們的心靈和人生的。在這個知識型經濟的時代裡，學習是我們通向未來的唯一護照。在這樣一個講速度，變化，危機的時代，我們祇有不斷的學習，我們才不會被這個時代所拋棄，一定要有學習，歸零的心態去看每一個人的優點，「三人行必有我師焉！」，我是信了！』

再見只不過是另一個説法罷了！

2017年8月31日（星期四）晚上19:27，我在辦公室寫下我人生上半場的最後一篇電郵給親愛的同事，並抄送與我的親人、朋友、同學和學生分享。

「From: Ng, Victor MT [mailto:Victor.MT.Ng@asia.ccb.com]
Sent: Thursday, 31 August 2017, 19:27
To: Victor@tovictor@netvigator
Cc: Ng, Victor MT
Subject: "GOODBYE is just another word" 再見只不過是另一個説法罷了！」

親愛的同事和朋友：

明天開始我要告別我的銀行職業生涯了，所以我現在想跟您們説一聲「再見了！」

過去一周以來，我一直在整理我的個人物品，然後好迎接我的人生下半場的教育歲月。剛巧，我發現了一封由時任美國銀行（亞洲）行政總裁（CEO）寫給我的電郵。

那封電郵勾起了我難忘的回憶，令我聯想起我的銀行職業生涯中最具挑戰性的一個任務 差點在2007年3月要了我的命。我清楚記得我當時在香港養和醫院留醫，並且陷入了昏迷狀態長達十多天之久，險些成為了植物人。

儘管，經過數個月服藥後我能幸運地復原為一個體格健康的人，但自此我終生患上了抑鬱症。早前的10年裡我曾經嘗試去戒除抗抑鬱藥凡四次之多，可惜我每次都失敗了。十年過去，我的精

自信可改變未來

神科醫生最近告訴我：要接納一直縈繞在我腦際的魔鬼，它將會繼續與我並存，直到永遠。

我還記得……

1987年10月19日是我到這公司上班的第一天，地點是在美國銀行的前身「廣東銀行大廈」（現址是皇后大道中九號）。那天適值多年來第一次最大的股票市場暴跌，香港單日跌幅超過40%。

廣東銀行自1984年被「美國太平洋銀行」收購後，1988年正式更名為「太平洋亞洲銀行」，母公司在美國西岸，與當時的美國銀行齊名。

1989年我們遇上中國受「制裁」，之後半年經濟不景氣。

1991年許多港人移民，政府為了挽留中產階層和年輕人，因此推出「居英權計劃」。同時也推出玫瑰園、新機場計劃等。

1992年我們母公司「美國太平洋銀行」宣佈與當時在美國西岸首屈一指的「美國銀行」合併。

1994年由於香港的太平洋亞洲銀行的分行網絡和零售銀行業務較大，因此將美國銀行的零售銀行業務融入在香港的太平洋亞洲銀行，並正名為美國銀行（亞洲）。

1995-2005年

1995年美國銀行為了開拓全亞洲的零售和消費銀行業務，因此推出一個全新泛亞洲系統 ICBS。

1997年7月香港正值回歸中國時，我們遇上自第二次世界大戰

後半世紀以來最嚴重的亞洲金融風暴，從7月初由泰國開始，漸漸向東北亞發展，最後在10月下旬「吹到來」香港。自此之後由1997金融風暴到2003年沙士的連續六年間，經濟進入連續68個月通縮，並進入了自第二次世界大戰後半世紀以來香港最漫長的經濟大衰退。

接踵而來的就是貸款業務大大萎縮，所以自1998年起，銀行借貸業務競爭白熱化，利息差一直向下沉，一個貼身例子是樓宇按揭從1997前可賺三至四厘息的「利息差」，一直到1998年只能賺二至三厘息的「利息差」，而最終至2004年初，則一個按揭只能賺0.5厘息的「利息差」。有見及此，銀行從1999年便開始拓展其他收入來源，零售業務最顯著的是逐步引進財富管理和保險業務。

2000年為配合上述業務轉型，分行銷售網路系統正式改革，將過往進駐在每個分行負責信貸批核的員工位置騰出，將其位置轉為前線銷售職位。而有關信貸批核的事宜，則集中由新成立的「中央授信批核部」處理，以節省人力資源。

在完成設立「中央授信批核部」後，每家分行都多出兩名前線員工，因而有足夠能力推行財富管理的第一波。

同時亦隨即推出財富管理轉型訓練，整個銷售文化初步完成。為了推動及鼓勵更多銷售同事繼續向前行，我們2001年參加了當年第33屆全港的「傑出銷售員大獎」比賽，而其中一位尖沙咀的同事非常榮幸地拿下了全港冠軍。

2002年香港經濟依舊衰落，我們為推動本土經濟，得到美國

自信可改變未來

總行支持，再投入資源，慶祝廣東銀行合併為美國銀行90週年的慶典。

2003年因發生了沙士（SARS），上半年經濟慘淡，到了下半年才漸漸回升。而當年6月我們一位「美國銀行中心分行」的客戶經理，再次拿下了第35屆全港「傑出銷售員大獎」的第一名。

2004年沙士過後經濟開始好轉，我們積極尋求發展機會，最後在上海開設第一家分行，發展中國業務。

2005年由於美國總行的生意目標滯後，希望香港的分行能助它一臂之力，因此我們下半年要將目標增加一倍。在行政總裁的帶領下我們推出了一個名為Turbo Growth 的運動，又想出一句口號「齊心、同心、生意倍增」以凝聚各位同事的力量，鼓勵大家上下一心，在各位同事的共同努力下，終在年底達到目標。

我的2007年

2005年由於美國總行的生意目標滯後，希望香港的分行能助它一臂之力，因此我們下半年將生意目標增加一倍。在行政總裁的帶領下，我們推出了一個名為Turbo Growth 的生意運動，又想出一句口號「齊心、同心、生意倍增」以凝聚各位同事的力量，鼓勵大家上下一心，在各位同事的共同努力下，終在年底完成目標。

2006年的8月24日，美國總行正式宣布將美國銀行（亞洲）香港和澳門的商業和零售銀行業務出售予中國四大國有銀行之一的中國建設銀行（China Construction Bank），（CCB），簡稱：「CCB

收購整合項目」。

　　2006年的9月14日，美國銀行（亞洲）和（CCB）同意委任我為「CCB 收購整合項目」總監。2006年12月31日，「CCB 收購整合項目」在香港金融管理局驗證下順利完成。2007年1月1日「美國銀行（亞洲）Bank of America (Asia)」正式更名為「中國建設銀行（亞洲）」（China Construction Bank Asia Corporation）。

　　然後，2007年3月7日，那是難忘的一天，因為所有的事情都是馬上衝著我而來的。大約在正午時分，我跟時任行政總裁和幾位高級行政人員結束了電話會議之後，忽地裡眼前所有的事物都變得模糊不清，接著，我暈倒在桌上。

　　2007年3月17日黃昏，我的家人告訴我，我已經昏睡10天了。幸好我仍然生存。翌日，我的醫生告訴我，我患上了嚴重的「倦怠症」，我需要休息最少一個月。最終我沒有聽從醫生的建議，一星期後（3月26日）就恢復上班。那一個早上一件非常奇怪的事情發生了。當我快要抵達辦公室（皇后大道中九號）時我的意志指令我後退。我試行叫我的身體前進，但始終我的意志阻止我這樣做。於是，意志與身體不停地、極力地交戰達半小時之久。最終，我打電話給我的秘書，請她與其他同事前來太子大廈的室內行人天橋協助，他們到達時，我告訴他們當時「懼怕返回辦公室」的感覺。他們安撫著我的情緒，然後陪同我到辦公室。我看著已列印好的電郵，按照各自的標題分成數疊擺放著，每一疊高達數吋。當我剛開始閱讀第一份電郵，那些字已變得模糊。我感到極度惶恐，不久便

對著文件嚎啕大哭起來。我的同事即時知道這惡劣的情況，馬上打電話聯絡我的醫生。

我對醫生透露，最近總是覺得自己是一個「失敗者」，一個很不堪的人，注定會沮喪、貧困、被人看扁和失敗。我的醫生提議我再留院觀察。數天後，醫生判斷我患上「倦怠抑鬱症」並處方了抗抑鬱藥給我。兩星期過去，我的病情開始穩定下來。又三星期過去，我發覺自己從新恢復活力過來。隨即整合了CCB原本位於香港的四家分行加入中國建設銀行（亞洲）分行網絡，整合工作到6月22日完成。我定下這整合日子是側面紀念先兄三哥的忌辰。

人生下半場

6月13日，我們收到時任中國建設銀行（亞洲）行政總裁（即收購前美國銀行（亞洲）行政總裁）在為全球美國銀行集團服務27年後宣佈辭職。

我仍有一個合併項目要完成，就是整合CCB原先在港商業銀行業務子公司（名為「建新銀行」）加入中國建設銀行（亞洲）商業部，並定下當年10月完成。遂與醫生商量，加強藥力，以便能夠順利完成項目。2007年10月17日，整合項目在香港金融管理局驗證下順利完成。

我第一時間去諮詢醫生我可否停止服藥，當她聽到我下一個任務是要在兩年內在香港和澳門迅速發展中國建設銀行（亞洲）銀行網絡，把當時17家的分行網絡擴展到40家。她二話不說要我繼

續服藥。

2008年我們在香港與澳門開設了18家新的分行，分行數目由原來17家增加到35家。2009年因「雷曼兄弟」事件帶來機會，我們完成了收購 AIG Finance，一家全球性公司 AIG Group 的子公司，在香港專門經營信用卡業務。

同時，我們亦沒有放慢開設分行的步伐，由2008年35家分行增加到2009年的42家。

2009年12月28日，我順利完成了兩年內銀行網絡迅速擴展計劃後，又立即諮詢醫生我可否停止服藥，她問我未來一、兩年多工作計劃是怎麼樣？我答她我會繼續負責銀行第三階段的網絡擴展計劃，將目前42家的分行網絡在未來3年（2012年底）擴展到70家。

今次，她說由於放慢了擴展速度，可以嘗試逐步減藥！我聽後大喜，並建議立即開始。往後我每兩至三星期覆診一次，每一次都希望能聽到她說：「不用再服藥了！」，然而，總是沒有聽到！醫生只是逐步減藥。

大約在同一時間，一位要好的女同事向我推介看一本由 Bob Buford 作的名為《人生下半場》（Half Time）（2008年出版）的書。因為她看完這本書後認為它會有助於我從抑鬱症中康復過來。該書描述一位不平凡的人的真實故事。他在經歷30年努力不懈地苦幹後，終於達到了一個他可以騰出一些時間、一些精力和一些錢財去完成他早在30年前便已經想去幹一番事情的境況。書中主人翁 Bob 找到了他的宇宙，就是善用他從商業世界裡獲得的強項、知識

和經驗幫助弱勢社群和貧困的人。

谷底中追尋目標

　　同時我亦回顧了2008年10月發生了那丟臉的「雷曼兄弟」崩壞事件，最終引致了無數人相信是百年難得一遇的全球金融大動亂。那樣的一個金融浩劫發生起來是如此戲劇性和突然的，令我對生命的意義有了深刻的反思。該段期間，我更積極地拷問靈魂深處來尋找答案。

　　我需要驅除我抑鬱的情緒和減少我對未來的焦慮，因為它們令我感到極度痛苦。我渴望將來能實現一個深藏已久的欲望，能夠停止憂慮和開展新生的強大決心，並且把餘生活得快樂和有意義。我對自己有信心能從倦怠抑鬱症中完全康復過來而毋需倚賴抗抑鬱藥物充滿樂觀。我把我的負面情緒視之為能受控制的問題，可利用一種「雞尾酒」治療手段（即是用藥物加上「認知治療法」）便能治癒它。

　　然後，正是上述的人生遭遇和「雷曼兄弟」引致全球金融大動亂後，一位多年銀行前輩和一位多年銀行合作夥伴鼓勵我寫一點關於國際銀行業將要面臨何種大格局變化的文章。所以，我心中燃起有關的寫作意欲；很快我就發現自己的局限，我發覺自己做一個從事嚴謹而深入研究的人的能力是很有限。不過，很快我的合作夥伴建議我可以透過報讀工商管理學博士（DBA）課程而學習到所需的竅門。於是我便諮詢母校香港浸會大學的教授，他們都認為這是正

確的途徑，相信通過國際知名教授的指導和建議、加上善用我30年銀行業上的經驗、積極的學習態度和寫作熱誠，並懷著美國已故總統約翰 • 甘迺迪所說：「不要問你的國家能為你做些甚麼，而要問你能為國家做些甚麼」的初心，定必能完成對銀行業有所貢獻的論文。現在回望，過程中亦是基於這個饒有意義的初心和教授們孜孜不倦的教導和啟發，驅使我能完成工商管理學博士學位，而期間我發現了我的願望，可以稱之為「上帝的召喚」！

　　至於我的抑鬱病情，我仍舊每兩至三星期覆診一次，每一次都希望能聽到醫生說：「不用再服藥了！」，然而，總是沒有聽到！醫生只是逐步減藥。直至2011年8月，當她知道我已完成了DBA上課的七個課程後，只剩下博士論文有待完成時說：「現在可能是停止服食抗抑鬱藥的良機了！」我當下歡天喜地到不得了。三個月過去，2011年11月，我的腦子裡滿是關於自身、周遭環境和將來的負面想法！我告訴醫生，她確認了我的抑鬱症很不幸已經復發了！醫生說我除了要恢復吃藥外，同時也可以考慮遵照Dr Aaron Beck（亞倫 • 貝克醫生）建議的一個嶄新的「思考原理」，稱為「認知治療法」。這個治療法的焦點是協助病人改變對自己、圍繞著他的世界和自己將來的負面想法的模式。「認知治療法」的一個有效的工具，是去建立並追尋「進球得分」，通過追尋這個目標的過程就能產生對自身的正面感覺。

自信可改變未來

再見只不過是另一個說法罷了！

2010年中國建設銀行（亞洲）認為「雷曼兄弟」倒閉帶來全球金融大動亂經已平息，所以重啟第三階段分行網點擴展計劃，訂定分行網點數目到：

2010年底增加至48家；
2011年增加到52家；
2012年增加到56家；及
2013年增加到60家。

我滿心感激上帝賜給我豐盛的恩典，我終於在2013年畢業了。香港浸會大學聘用我為客席副教授，在廣州、深圳、上海及珠海等地的院校教授工商管理學碩士學位課程。

2016年底，我們完成銀行的十年網絡擴展大計，分行網點年增加到68家，成功將中國建設銀行（亞洲）由小型變成中大型銀行。2017年8月，恒生商學書院（現稱香港恒生大學）聘任我為客席副教授，委派我教授其學士學位課程。因此，明天起，我會在那裡開展我的人生下半場的教育事業了。

各位，我衷心祝福您們能經常享受每一刻寶貴的時光。就讓我們通過 WhatsApp（+852 6018 2857）；微信（Victormtng）；和電郵（victormtng57@gmail.com）繼續保持聯絡吧！

最後，我希望把下列那些反映我的人生寫照和期許的話語和您們分享：

Acknowledge the past to brighten up the present and to excel in the future !

承認過去，好讓它能照耀現在，迎接穎脫將來！

It is in Christ that we find out who we are and what we are living for. Long before we first heard of Christ, ⋯ he had his eye on us, had designs on us for glorious living, part of the overall purpose he is working out in everything and everyone.

在基督裡，我們也得了繼業，是照著那一位的心意而預先定下的，祂按著自己旨意的計劃來運作萬事，以致我們這些早已在基督裡有盼望的人，能歸於祂榮耀的稱讚。

以弗所書第一章第十一節（Msg）

敬祝安康！
明德

" Today is Present，Tomorrow is Grace."
" 今天是禮物　明天是恩典"

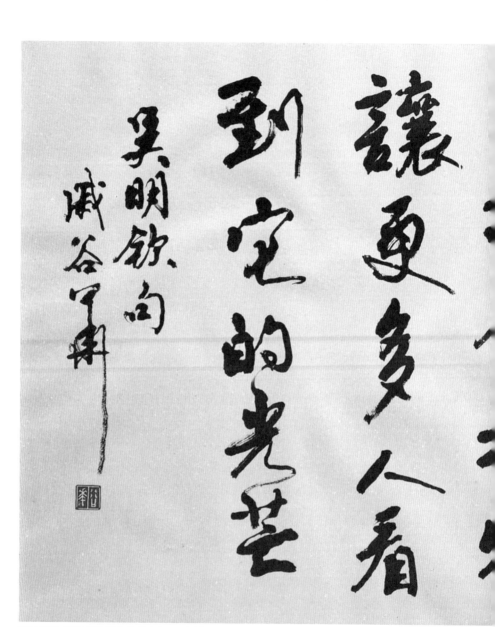

讓更多人看到它的光芒

吳明欽的

戚谷華書

感恩書法名家戚谷華女史親書先兄明欽格言相贈我等以為紀念

與其要那短
的蠟燭慢慢燃
點倒而如儂
完扇而也尧

好年華
Good Time

在明明德——從社團小混混到金融機構高管之路

作　者／吳明德

文字編輯／佚名

版面設計／吳國雄

國際書號／978-988-70542-4-5

初　版／二〇二四年七月

出　版／好年華 Good Time

電郵：goodtimehnw@gmail.com

IG：goodtimehnw

Facebook：goodtimehnw

YouTube：好年華 Good Time

發　行／泛華發行代理有限公司

電話：　(852) 2798 2220

傳真：　(852) 3181 3973

地址：香港新界將軍澳工業邨駿昌街七號星島新聞集團大廈

作者已盡一切可能確保所刊載的資料正確及時。資料只
供參考用途，讀者也有責任在使用時進一步查證。對於
任何資料因錯誤或由此引致的損失，作者和出版社均不
會承擔任何責任。本書編輯已致力查證本書所刊載圖片
之版權持有人，如有遺漏，敬希通知出版者，以便更正。
本書內容純屬學術討論，旨在引發讀者多角度思考，
絕無意圖煽動他人對政府或其他社群產生憎恨、不滿或
敵意。一切意見謹代表作者立場，與本公司無關。